# GWLAD Y BASG

*i fy ngwraig*

*Janet*

*a'r genod*

*Mari, Lleucu ac Annes*

Argraffiad cyntaf: 2012

ⓗ Robin Evans/Gwasg Carreg Gwalch

Rhif rhyngwladol: 978-1-84527-331-6

Mae'r cyhoeddwr yn cydnabod cefnogaeth ariannol
Cyngor Llyfrau Cymru

Cynllun clawr: Tanwen Haf

Cyhoeddwyd gan Wasg Carreg Gwalch,
12 Iard yr Orsaf, Llanrwst, Conwy, LL26 0EH.
Ffôn: 01492 642031 Ffacs: 01492 641502
e-bost: llyfrau@carreg-gwalch.com
lle ar y we: www.carreg-gwalch.com

# Gwlad y Basg

*Yma o Hyd!*

Hanes Goroesiad Cenedl

## Robin Evans

# Gwlad y Basg

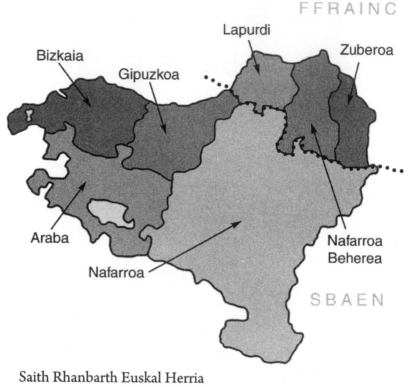

Saith Rhanbarth Euskal Herria
(Ffr. = Ffrangeg; Ca. = Castileg):

Araba [Ca. Alava]
Bizkaia [Ca. Vizcaya]
Gipuzkoa [Ca. Guipúzcoa]
Lapurdi [Ffr. Labourd]
Nafarroa [Ca. Navarra]
Nafarroa-Beherea [Ffr. Basse Navarre]
Zuberoa [Ffr. Soule]

# Cynnwys

# Rhagair a Diolchiadau

Mewn sawl ystyr mae Gwlad y Basg yn debyg i Gymru — gwlad fach, falch gyda'i hanes, ei thraddodiadau, ei diwylliant, ei hiaith a'i hunaniaeth unigryw ei hun. Fel yn achos Cymru, bu sawl bygythiad i genedl y Basgiaid dros y canrifoedd ond drwy gymeriad ac ysbryd y bobl llwyddwyd i oroesi. Bwriad y llyfr hwn yw cyflwyno hanes y genedl hon i'r Cymry, o'r cyfnod cynnar hyd yr unfed ganrif ar hugain, gan dynnu sylw at rai o'r cysylltiadau amrywiol a fu rhwng ein cenhedloedd drwy'r oesoedd. Er yn wlad fach bu ei chyfraniad i sawl agwedd ar hanes Ewrop a'r byd yn nodedig a hynny er y diffyg cydnabyddiaeth i'w bodolaeth o du ei chymdogion pwerus. Bu i sawl unigolyn o Fasg chwarae rhan allweddol mewn digwyddiadau pellgyrhaeddol yn hanes Ewrop a thu hwnt. Ac, wrth gwrs, mae llu o enwogion y genedl, ochr yn ochr â degau o filoedd o Fasgiaid cyffredin, wedi brwydro dros ddiogelu a hybu hunaniaeth Euskal Herria.

Bu i sawl un gyfrannu at baratoi'r gyfrol, yn uniongyrchol ac yn anuniongyrchol. Diolch i Davyth Fear yng Nghymru, ac i gyfeillion yn Euskal Herria, sef Eva Inzausti, Arantza Mongelos, Julia Barnes, Jasone Geldakoa, Pili Sagasta a Rafa Santxez Muxika am eu cymorth, cyngor, cefnogaeth ac ybsrydoliaeth wrth baratoi'r llyfr. Rwy'n ddyledus hefyd i swyddogion CAER (Cymdeithas Addysg Ewrop y Rhanbarthau) am rannu'r weledigaeth o frawdoliaeth y cenhedloedd llai: Cliff Davies, Huw Thomas, Wyn Thomas a Glyn Saunders Jones. Hoffwn ddiolch yn arbennig i'm cyfaill Helmuth Feuerriegel o'r Almaen am gynnig detholiad o'i ffotograffau i'w cynnwys yn y llyfr, ac i Gareth Popkins am gael cynnwys ei ffotograffau yntau.

Rwy'n ddyledus iawn i Ned Thomas ac Elin Haf Gruffydd Jones am eu cyngor ynglŷn â phob rhan o'r gwaith, am eu sylwadau a'u cefnogaeth ac yn arbennig am rannu eu gwybodaeth a'u harbenigedd a chynnig sawl awgrym a thrywydd buddiol.

Yn olaf, hoffwn ddiolch yn fawr i Myrddin ap Dafydd a Gwasg Carreg Gwalch am bob cymorth a gofal wrth baratoi'r gyfrol. Diolch yn arbennig i Nia Roberts am ei gwaith golygu diflino ac amyneddgar ac am ei harweiniad wrth lunio'r gyfrol.

*Robin Evans*

## Lluniau

Mae hawlfraint y lluniau yn pethyn i'r canlynol, gyda diolch am gael eu defnyddio:

Helmuth Feuerriegel: tud. 22, 49 (Bilbo), 50 (Donostia, Pasg), 51 (Guggenheim), 52 (cofgolofn), 53 (dawnsio), 56, 69, 79, 92, 100

Gareth Popkins: tud. 49 (2), 51 (cynnyrch), 52 (traeth), 53 (ras), 54 , 55, 84

# Prif Drefi'r Rhanbarthoedd

FFRAINC

Baiona

Maule-Lextarre

Donostia

LAPURDI

Bilbo

BIZKAIA

GIPUZKOA

NAFARROA BEHEREA

ZUBEROA

Gasteiz

ARABA

Donibane-Garazi

Iruñea

NAFARROA

SBAEN

EnwauLleoedd:

Baiona [Ffr. Bayonne]
Bermeo
Bilbo [Ca. Bilbao]
Donostia [Ca. San Sebastián]
Donibane-Garazi
   [Ffr. St.-Jean-Pied-de-Port]
Donibane-Lohizune
   [Ffr. St Jean de Luz]
Gasteiz [Ca. Vitorio]
Gernika [Ca. Guernica]
Hondarribia
   [Ca. Fuenterrabía]
Iruñea [Ca. Pamplona]
Itsasu [Ffr. Hxassou]

Leire
Lizzara [Ffr. Estella]
Maule-Lextarre
   [Ffr. Mauléon]
Miarritze [Ffr. Biarritz]
Orreaga [Ca. Roncesvalles]
Pasaia [Ca. Pasajes]
Sukarrieta [Ca. Pedernales]
Zarautz

# I

# Pwy yw'r Basgiaid?

## Eu hanes hyd at ddiwedd yr Oesoedd Canol

### Cefndir

Mae Euskal Herria (Gwlad y Basg) a'i hiaith, Euskara, yn unigryw. Mae'r iaith yn greiddiol i fodolaeth y Basgiaid; nid yw'r genedl yn bod hebddi. Mae'n iaith ddigymar — mae iddi saith tafodiaith bendant, ac er ymdrechion canrifoedd, nid oes neb hyd yma wedi llwyddo i'w chysylltu ag unrhyw iaith arall; yn wahanol i'r Gymraeg a'i theulu Celtaidd. Geilw'r Basgiaid eu hunain yn Euskaldunak, sef 'un sy'n meddu ar iaith y Basg'.

Saif Gwlad y Basg yn ne-orllewin Ewrop, mewn triongl daearyddol gyda Môr Iago Llwyd (Bae Biscay) i'r gorllewin, yr afon Ebro i'r de-ddwyrain a'r afon Aturri [Ffr. Adour] i'r gogledd-ddwyrain. Mae'n gorwedd o fewn dwy wladwriaeth fodern – gyda gogledd Gwlad y Basg o fewn y wladwriaeth Ffrengig a'r de o fewn y wladwriaeth Sbaenaidd. Nid yw'r Basgiaid hynny sydd am weld Gwlad y Basg unedig yn cydnabod y ffiniau a osodwyd arnynt gan y gwladwriaethau sofran hyn; yn hytrach, iddynt hwy, mae Gwlad y Basg yn un wlad ac un genedl sy'n cynnwys saith rhanbarth traddodiadol, yn cyfateb yn fras i'r saith tafodiaith. Yn y de mae Bizkaia, Gipuzkoa, Araba a Nafarroa, gyda Zuberoa, Lapurdi a Nafarroa Beherea i'r gogledd o fynyddoedd y Pyreneau. Yr enw a roddir gan y Basgiaid ar ranbarthau'r gogledd yw Ipar Euskal Herria (neu *Iparralde*) tra gelwir y rhanbarthau deheuol yn Hego Euskal Herria (neu *Hegoalde*).

Heddiw mae Gwlad y Basg wedi ei rhannu'n dair ardal weinyddol. Mae Cymuned Hunanlywodraethol y Basg (wedi'i ffurfio o dri rhanbarth traddodiadol, sef Bizkaia, Gipuzkoa ac Araba) a Chymuned Hunanlywodraethol Nafarroa (sef rhanbarth traddodiadol Nafarroa) o fewn y wladwriaeth Sbaenaidd. Er y defnyddir y term *Euskadi* i ddisgrifio Gwlad y Basg heddiw, enw gwleidyddol ydyw sy'n cael ei ddefnyddio i ddisgrifio Cymuned Hunanlywodraethol y Basg yn unig. Mae'r tri rhanbarth traddodiadol sy'n weddill o fewn y wladwriaeth Ffrengig, heb unrhyw elfen o hunanlywodraeth, ac wedi eu cynnwys o fewn un o ranbarthau gweinyddol y wladwriaeth Ffrengig sef *Département Pyrénées-Atlantique*, neu *Pirinio Atlantiarrak* yn Euskara.

Erbyn dechrau'r unfed ganrif ar hugain, roedd poblogaeth Euskal Herria tua 2.9 miliwn o bobl; rhyw 650,000 ohonynt yn siarad Euskara; a tua 70,000 yn siarad yr iaith ar yr ochr Ffrengig. Mae ychydig filoedd yn siarad iaith leiafrifol arall, sef Occitan. Yn yr un cyfnod, roedd 582,000 o siaradwyr Cymraeg yng Nghymru.

### Pwy yw'r Basgiaid?

Hyd heddiw ni chafwyd ateb digonol i'r cwestiwn sylfaenol hwn. Problem fawr i'r hanesydd yw na adawyd tystiolaeth ysgrifenedig gan y Basgiaid cynnar – daw'r disgrifiadau cyntaf o lwythau Basgaidd o gyfnod y Rhufeiniaid gan yr awduron Strabo a Pliny, a'r awgrym clir yw eu bod eisoes yn bobl hynafol. Credir eu bod yn tarddu o'r Cro-Magnon, y bobl gynharaf y gwyddom iddynt fyw yn Ewrop. Ar wahanol adegau mae haneswyr wedi eu cysylltu ag, ymhlith eraill, y Cymry a'r Corsiaid drwy waed a'r Sami a'r Tyrciaid oherwydd ffurf eu penglog. Ar y llaw arall, awgryma astudiaethau DNA diweddar fod pobloedd arfordir gorllewinol Ewrop yn debyg iawn i'w gilydd yn enetig, a'r Basgiaid yn debyg i'w cymdogion Sbaenaidd hefyd.

Fodd bynnag, eu hiaith yw'r erfyn mwyaf defnyddiol i'r

hanesydd. Daw'r dystiolaeth gynharaf o ffurf o'r iaith o gyfnod oddeutu'r drydedd ganrif a'r gred felly yw bod iaith y Basg yn bod cyn datblygiad ieithoedd Indo-Ewropeaidd – teulu sy'n cynnwys y rhan fwyaf o ieithoedd Ewrop gan gynnwys Almaeneg, Saesneg, Ffrangeg a Sbaeneg. Os yw hynny'n wir, yna mae'n debygol mai Euskara yw iaith hynaf Ewrop. Mae hyn, yn ei dro, yn arwain at yr awgrym mai gan y Basgiaid mae'r diwylliant byw hynaf yn Ewrop. Er y diffyg tystiolaeth archeolegol i gefnogi'r ddamcaniaeth, mae'n bosibl bod y Basgiaid wedi byw yn yr ardal hon ers 4000 CC neu hyd yn oed 9000 CC. Os felly, a'u bod wedi goroesi cyhyd, mae eu hanes yn sicr yn un sy'n haeddu llawer mwy o sylw nag a gafwyd hyd yma.

### Gwlad y Basg cyn dyfodiad y Rhufeiniaid

Oherwydd y trafferthion a geir wrth geisio diffinio gwreiddiau'r Basgiaid, mae'n anodd amcangyfrif maint yr ardal a berthynai iddynt yn wreiddiol. Efallai bod y tiroedd a oedd yn eu meddiant ar y cychwyn yn helaeth iawn, ond yn diroedd ffrwythlon a ddenai oresgynwyr. Yn wyneb amryw o ymosodiadau dros y canrifoedd, yr hyn a adawyd i'r Basgiaid oedd ardal fechan, fynyddig fyddai'n anodd iawn i'w choncro. Gydag ardaloedd mwy deniadol y tu hwnt i'w chadarnleoedd, pasio drwy diroedd y Basgiaid fyddai mwyafrif ei hymwelwyr. Yn ogystal, roedd pobl y bröydd hyn yn cael eu cydnabod fel ymladdwyr ffyrnig, yn arbennig yn erbyn unrhyw rai a geisiai ymsefydlu yno. Methiant felly fu ymdrechion y Celtiaid i goncro'r brodorion, ond nid yw hynny'n golygu na chawsant ddylanwad ar y Basgiaid. Parhaodd masnachu gwenith a haearn, er enghraifft, ymhell wedi i'r Celtiaid ddiflannu o'u tiroedd. Yn ogystal, oherwydd eu cryfder fel milwyr bu'r Basgiaid yn brwydro fel hurfilwyr i fyddinoedd Carthag yn erbyn lluoedd Rhufain.

## Y Rhufeiniad

Ymddangosodd y Rhufeiniad fel grym milwrol ar orynys Iberia yn 218 CC yn ystod y rhyfeloedd yn erbyn Carthag, un o rymoedd mawr ardal Môr y Canoldir. Fel yn achos sawl rhan arall o Ewrop, aethant ati'n ddisymwth i orchfygu'u gwrthwynebwyr, ond wedi iddynt gyrraedd Gwlad y Basg rhaid oedd i'r Rhufeiniad ymladd yn erbyn dau elyn, y Basgiaid a'r Celtiaid. Trechwyd y Celtiaid yno yn 194 CC ac yna aethpwyd ati i geisio trechu'r Basgiaid. Gan y Rhufeiniad y cawn y cyfeiriad cyntaf at drefn wleidyddol ymhlith y Basgiaid: cyfeiria daearyddwyr Rhufeinig at bedwar llwyth a siaradai wahanol dafodieithoedd Basgaidd - galwai'r Rhufeiniad y bobloedd hyn yn *Vascones*. O'r gair hwn y daw *Vascos* yng Nghastileg (sef Sbaeneg) a *Basque* yn Ffrangeg. Cyfeiriodd Paulinus o Acwitan atynt fel 'barbariaid ddiffydd' a wrthodai gefnu ar eu traddodiadau drwg.

Er bod brwydro digyfaddawd yn erbyn goresgynwyr yn rhan annatod o hanes y Basgiaid, datblygodd rhyw fath o heddwch rhyngddynt â'r Rhufeiniad. Roedd nifer o resymau dros hyn. Yn gyntaf, roedd tiroedd mwyaf ffrwythlon yr orynys eisoes yn nwylo'r Rhufeiniad ac felly nid oedd unrhyw angen iddynt goncro tiroedd y Basgiaid. Yn ail, sylweddolodd y Rhufeiniad na fyddai'r Basgiaid yn achosi trafferthion iddynt pe cawsant elfen gref o hunanlywodraeth. Felly, er enghraifft, nid oedd rhaid iddynt dalu trethi i Rufain. Yn drydydd, ac yn allweddol, caniatawyd i'r Basgiaid gadw eu cyfreithiau eu hunain i'w rheoli eu hunain; cyfreithiau traddodiadol a elwid yn ddiweddarach yn *fueros* (mae deall pwysigrwydd y cyfreithiau hyn yn allweddol i ddeall hanes a goroesiad y Basgiaid). Yn olaf, ymddengys mai'r oll yr oedd y Rhufeiniad ei angen oedd y gallu i groesi drwy diroedd y Basgiaid gan gynnal y llinellau cyfathrebu lleol oedd mor allweddol i gysylltu amryw ranbarthau'r Rhufeiniaid â'i gilydd yn ne-orllewin Ewrop. Sylweddolodd y Basgiaid na fyddai rheolaeth y Rhufeiniaid dros ardaloedd eraill yn bygwth eu hiaith na'u traddodiadau hwy, ac o ganlyniad roedd y berthynas rhwng llwythau'r Basgiaid a'r Rhufeiniaid yn heddychlon, heb unrhyw gofnod o wrthdaro rhyngddynt am y tair canrif cyn cwymp Rhufain. Mae'n debyg mai dyma'r cyfnod heddychlon hwyaf yn hanes y Basgiaid.

Canolfan weinyddol y Rhufeiniaid yn ardal y Basg oedd Iruñea (*Pompaelo* i'r Rhufeiniaid, *Pamplona* yng Nghastileg / Sbaeneg), a sefydlwyd tua 77 CC. Roedd canolfan filwrol sylweddol yn y gogledd hefyd, a chredir mai dyma safle Baiona heddiw. Er na fyddai'r dinasoedd hyn cystal o ran maint ag eraill o fewn yr Ymerodraeth Rufeinig, yn sicr byddent yn rhai ysblennydd yng ngolwg y llwythau brodorol. Ychydig iawn o drefi o unrhyw faint oedd gan y Rhufeiniaid yn nhiroedd y Basgiaid ac roedd gwareiddiad y Rhufeiniaid wedi ei gyfyngu i'r canolfannau trefol hynny i bob pwrpas.

Fel eu hiaith, roedd ffordd o fyw'r Basgiaid yn hollol wahanol i'r ymerodraeth o'u hamgylch. Ymddengys mai magu anifeiliaid oedd sylfaen economaidd y Basgiaid gyda ffermio'n datblygu'n weddol hwyr. Fel arfer roedd y tiroedd ffermio ar waelod y cymoedd, ger yr afonydd, a byddai'r anifeiliaid yn pori ar y tir uchel yn yr haf. Roedd yr anifeiliaid nad oeddynt i gael eu lladd yn cael eu cadw'n is i lawr dros y gaeaf, nid yn annhebyg i'r arferiad yng Nghymru. Golygai'r ddibyniaeth ar fagu anifeiliaid fodolaeth cymunedau bychain gyda'r teulu'n ganolog iddynt. Roedd merched yn draddodiadol yn chwarae rhan allweddol yn y gymdeithas a hwy fyddai etifeddion y tir.

Nid oedd cymunedau'r Basgiaid yn hunangynhaliol, ac roedd masnachu brwd â threfi'r Rhufeiniaid. Galluogai system ffyrdd y Rhufeiniaid drwy Wlad y Basg y ffermwyr i ddod â'u cynnyrch i'w werthu i'r trefi yn rhwydd; a thra bod cefn gwlad yn cyflenwi'r cymunedau trefol Rhufeinig ag anifeiliaid ar gyfer bwyd a dillad, byddai yn y trefi nwyddau a fyddai o fudd i'r cymunedau mynyddig. Yn ogystal â hyn, dysgodd y boblogaeth sut i dyfu cnydau'r Rhufeiniaid, megis grawnwin, i'w gwerthu i'r estroniaid. Ymhell wedi i'r Rhufeiniaid ddiflannu o'r tir bu'r Basgiaid yn gwerthu'r nwyddau a ddatblygwyd ganddynt adeg y Rhufeiniaid; olew olewydd, er enghraifft; i fasnachwyr estron.

Bu'r Basgiaid yn gwasanaethu ym mhob cwr o'r ymerodraeth Rufeinig fel hurfilwyr, gan gynnwys yr ynysoedd Prydeinig, ond nid oes tystiolaeth eu bod wedi dod i Gymru. Cymaint oedd eu heffeithlonrwydd fel hurfilwyr fel y bu i nifer ohonynt gael cynnig dinasyddiaeth Rufeinig, rhywbeth prin iawn cyn i'r Ymerawdwr Caracala (211-217) ei roi i holl ddynion rhydd yr ymerodraeth gyfan. Gan mai 25 mlynedd oedd cyfnod gwasanaethu'r ymerodraeth, byddai'r Rhufeiniaid yn sicr o fod wedi dylanwadu ar yr hurfilwyr Basgaidd.

Dylanwadwyd ar iaith y Basg gan y Rhufeiniaid, ond ni ddisodlwyd Euskara gan Ladin. Fel Cymraeg cynnar, y Fasgeg yw un o'r ychydig ieithoedd brodorol a fu dan reolaeth y Rhufeiniaid ac a oroesodd ac a ffynnodd wedi hynny. Er y diffyg tystiolaeth, cred haneswyr fod iaith y Basg, yn ystod cyfnod y Rhufeiniaid, yn cael ei siarad ymhell y tu hwnt i ffiniau modern Gwlad y Basg; ond mae'n anos asesu i ba raddau y goroesodd yr iaith yn yr ardaloedd hynny a oedd fwyaf tebygol o fod dan ddylanwad uniongyrchol y Rhufeiniaid. Yn sicr, crebachodd cylch dylanwad yr iaith yn sylweddol yn ystod cyfnod y Rhufeiniaid. Ar y llaw arall, adfeddiannodd yr iaith dir a gollwyd, yn cynnwys Araba yn benodol, yn y canrifoedd wedi ymadawiad y Rhufeiniaid. Yn yr ardaloedd mynyddig, fodd bynnag, ni fu unrhyw fygythiad i'r iaith yn ystod cyfnod y Rhufeiniaid.

Roedd yr un peth yn wir am grefydd. Erbyn y bedwaredd

ganrif crefydd y Rhufeiniaid a chymdogion y Basgiaid oedd Cristnogaeth. Cefndir paganaidd oedd i'r Basgiaid, ac ychydig o dystiolaeth o Gristnogaeth sydd yng Ngwlad y Basg ei hun o gyfnod y Rhufeiniaid, er bod olion o'r grefydd newydd honno yn y rhannau hynny o Wlad y Basg a oedd fwyaf dan ddylanwad y Rhufeiniaid. Felly, er mai yn y chweched ganrif y cafwyd y dystiolaeth gyntaf i Iruñea dderbyn esgob, mae rhai haneswyr yn credu bod esgobaeth yno ers y drydedd ganrif a hynny oherwydd bod y dref yn ganolfan weinyddol Rufeinig.

Roedd dylanwad y Rhufeiniaid ar y Basgiaid yn amrywio o ardal i ardal o ganlyniad i'w cyd-fyw. Yn yr ardaloedd hynny lle bu dylanwad y Rhufeiniaid yn gryf, collwyd yr hunaniaeth Basgaidd bron yn llwyr ond, tra bod eu cymdogion wedi'u cymathu i'r ffordd Rufeinig o fyw ac yn defnyddio tafodiaith Ladin, nid felly yn yr ardaloedd mynyddig. Yno parhaodd iaith a diwylliant y Basgiaid yn gryf – yn wir, mae ffiniau diwylliannol ac ieithyddol Gwlad y Basg heddiw yn debyg iawn i'r rhai a fodolai adeg y Rhufeiniaid.

## Y Fisigothiaid

Pan ddymchwelodd yr Ymerodraeth Rufeinig symudodd barbariaid o'r gogledd i'r orynys Iberaidd. Ni thalwyd llawer o sylw i Wlad y Basg ganddynt. Y genedl a gafodd y dylanwad mwyaf ar y Basgiaid wedi'r Rhufeiniaid oedd y Fisigothiaid, o ganolbarth Ewrop yn wreiddiol. Saif eu prifddinas lle mae Toulouse yn ne gwladwriaeth Ffrainc heddiw. Buont yn gynghreiriaid i'r Rhufeiniaid, ond erbyn 410 roeddynt yn goresgyn Rhufain ei hun. Yn 415 ymosododd y Fisigothiaid ar Orynys Iberia, drwy Catalunya yn y dwyrain, ac erbyn canol y bumed ganrif roedd gogledd Gwlad y Basg yn rhan o deyrnas Fisigoth yn Acwitan. Parhâi'r de, mewn enw o leiaf, dan ddylanwad y Rhufeiniaid.

Llwyddodd y Fisigothiaid i oresgyn yr orynys i gyd a dal eu gafael arni am 250 o flynyddoedd.

Sut y goroesodd y Basgiaid wrth i gyfnod y Rhufeiniaid ddirwyn i ben a'r Fisigothiaid ymddangos yn eu lle? Nid yw arwahanrwydd daearyddol a diwylliannol yn ateb digonol. Dadleua Roger Collins yn ei gyfrol *The Basques* mai'r rheswm oedd i drigolion y trefi sylweddoli mai'r unig ffordd i amddiffyn eu hunain rhag y Fisigothiaid oedd drwy gydweithio â hwy. Cefnodd trigolion y trefi, ac i raddau llai trigolion yr iseldiroedd, ar eu gwreiddiau Basgaidd dan bwysau diwylliannol a gwleidyddol y Fisigothiaid; ond, yn allweddol, mynnodd Basgiaid y mynyddoedd lynu at eu hunaniaeth gyffredin. Effeithiodd y dirywiad yn y berthynas â'r trefi ar fasnach draddodiadol y Basgiaid ac, o ganlyniad, dechreuodd Basgiaid yr ucheldir edrych i gyfeiriad tiroedd eraill tu hwnt i'w hardaloedd brodorol, er mwyn masnachu, er enghraifft. Yn hanfodol, roedd presenoldeb y Rhufeiniaid wedi amddiffyn y Basgiaid rhag gelynion posibl; nid oedd hynny'n digwydd mwyach.

Erbyn cyfnod y brenin Euric (466-84) roedd y Basgiaid, mewn enw o leiaf, yn ddeiliaid i'r Fisigothiaid, ond yn 507 trechwyd y Fisigothiaid gan y Ffranciaid o ardal afon y Rhein ac am ganrif wedyn bu ymladd ffyrnig rhyngddynt. Symudwyd prifddinas y Fisigothiaid o Toulouse i Toledo yng nghanol Gorynys Iberia – golygai hyn fod y Basgiaid yng nghanol y gwrthdaro rhyngddynt. Dro ar ôl tro yn ystod y ganrif honno bu'r Basgiaid yn symud o'r mynyddoedd ac yn cymryd cnydau, anifeiliaid a phobl o'r iseldiroedd yn y gogledd. Mae'n amlwg mai manteisio ar un ochr er mwyn masnachu efo'r ochr arall oedd y polisi.

Bu'r Basgiaid yn ddraenen barhaol yn ystlys y Fisigothiaid. Mewn dwy ganrif a hanner cafwyd ugain ymgyrch gan y Fisigothiaid yn eu herbyn, ond heb fuddugoliaeth derfynol. Serch hynny, cafodd y cyfnod o ryfela yn erbyn y Fisigothiaid effaith arwyddocaol iawn ar ddyfodol y Basgiaid fel cenedl. Yn wahanol i gyfnod y Rhufeiniaid, pan oedd y Basgiaid yn gymysgedd o amryw lwythau annibynnol, cafwyd elfen gref o undod ymhlith y llwythau er mwyn diogelu eu hunain. Datblygodd y Basgiaid gyfundrefnau gwleidyddol sefydlog a chymhleth a oedd yn fodd iddynt ddiogelu'u hunain a'u ffordd o fyw; a chadwasant eu hiaith, tra bod pobloedd o'u hamgylch yn siarad ieithoedd Lladin. Roedd cyfraith y Basgiaid yn parhau'n seiliedig ar arferion anysgrifenedig (y *fueros* diweddarach), tra defnyddiai'r bobloedd eraill godau cyfreithiol yn seiliedig ar y drefn Rufeinig. Ymhlith eu cymdogion y llinach wrywaidd oedd yn bwysig, ond y merched oedd yn etifeddu'r tir a'r teitlau yng Ngwlad y Basg, gan mai hwy oedd yn trin y tir tra byddai'r dynion yn ymladd. Addolasant yr haul a'r lleuad ac ysbrydion eraill byd natur, fel Baxajun, arglwydd blewog y goedwig – dim ond ar ôl i'r Fisigothiaid ddiflannu y dechreuodd Cristnogaeth gael unrhyw ddylanwad arnynt. Hyd yn oed wedi hynny parhaodd eu credoau hwy yn gymysg â'r grefydd newydd.

Erbyn canol y seithfed ganrif, roedd y Basgiaid wedi lledaenu i'r gogledd, a hynny er ymdrechion y Ffranciaid i'w gwthio'n ôl, i'r ardal a elwid yn Gwasgwyn (*Gascogne*) a orweddai i'r gogledd a'r dwyrain o Wlad y Basg. Mae'n bosibl mai'r rheswm dros ymlediad y Basgiaid oedd oherwydd y dull o etifeddu'r tir, a olygai bod raid i nifer o feibion edrych y tu hwnt i'w tiroedd traddodiadol am achubiaeth. Dan y Rhufeiniaid roeddynt wedi gallu gwasanaethu yn y fyddin, ond nid oedd hynny'n bosibl mwyach. Mae'n ddigon posibl mai ail-goloneiddio tiroedd a fu yn eu meddiant bum can mlynedd yn gynharach oeddynt, ond erbyn yr unfed ganrif ar ddeg datblygodd Gwasgwyn yn uned fwyfwy annibynnol o weddill y tiroedd Basgaidd i'r gogledd o'r Pyreneau.

## Dyfodiad y Moslemiaid

Yn 711 cyrhaeddodd y Moslemiaid Orynys Iberia o ogledd Affrica, a hynny pan oedd ymerodraeth y Fisigothiaid ar fin dymchwel ac yn wynebu rhyfel cartref. Rhwng 711 a 714 ysgubodd y Moslemiaid eu gelynion ymaith o bob rhan o'r orynys, hyd nes cyrraedd ffin Gwlad y Basg. Er nad oedd dim i'w denu o ran natur y tir, roedd y Moslemiaid yn benderfynol o goncro'r Basgiaid er mwyn cael canolfan i ymosod ar y Ffranciaid yn y gogledd; ond nid oedd y Basgiaid am i neb eu trechu. Er i'r Moslemiaid gipio Iruñea yn 718 ni lwyddasant i ddal eu gafael arni nac i gipio gweddill y wlad. Dros y canrifoedd nesaf byddai'r patrwm hwn yn ailadrodd ei hun – er bod gwastatir deheuol Gwlad y Basg yn eu meddiant, unwaith y symudai'r Moslemiaid tuag at y gogledd byddai lluoedd y Basgiaid yn dod i lawr o'r ucheldir i'w gwthio'n ôl.

Yn ystod y canrifoedd o ymladd rhwng y Basgiaid a'r Moslemiaid daeth y Basgiaid yn Gristnogion. Nid oes sicrwydd ynglŷn â'r union adeg y digwyddodd hynny. Er y gellir ystyried ymgyrch y Basgiaid yn erbyn y Moslemiaid yn rhan o ymgyrch Cristnogaeth i drechu'r Moslemiaid, yr hyn a elwid gan y Castiliaid yn *Reconquista*, brwydro dros Wlad y Basg oedd y Basgiaid. Wedi'r cyfan, roedd y Ffranciaid Cristnogol i'r gogledd yn gymaint o fygythiad iddynt â'r Moslemiaid i'r de. Gwarchod eu tiroedd oedd unig flaenoriaeth y Basgiaid, ac yn wyneb gelyn llawer mwy niferus, drwy dactegau gerila yr oeddent yn ymladd. Dyma sut yr enillodd y Basgiaid un o'r brwydrau enwocaf ar eu tir, sef brwydr Orreaga, a hynny yn erbyn lluoedd un o gymeriadau mawr Ewrop.

Gwrthdaro rhwng dau o arweinwyr y Moslemiaid ar Orynys Iberia oedd cefndir y frwydr – penderfynodd un ohonynt, Suleiman, wahodd Siarlymaen a'r Ffranciaid i ymosod ar yr orynys yn 778. Wedi ymgyrch o bedwar mis yn unig, trodd Siarlymaen am adref drwy diroedd y Basgiaid. Ei gamgymeriad oedd ymosod ar Iruñea. Cynddeiriogwyd y Basgiaid. Er mwyn dychwelyd adref rhaid oedd i Siarlymaen ddilyn llwybr cul drwy'r mynyddoedd, ac er bod ei luoedd ef yn llawer mwy na niferoedd y Basgiaid, roedd y Basgiaid ar eu tir eu hunain. Disgwyliodd y Basgiaid yng nghoedwig Orreaga (Ffrangeg: *Roncevaux*; Castileg: *Roncesvalles*) gan adael i'r fyddin enfawr fynd heibio i'r tir uchel. Wedi cyrraedd y man uchaf byddai'n rhaid i'r fyddin fynd i lawr yr ochr arall mewn rhes sengl. Llwyddodd Siarlymaen i gyrraedd diwedd y llwybr, ond wrth iddo ef a phrif gorff ei fyddin ddisgwyl, ymosodwyd ar yr unedau hynny a oedd yn weddill. Arweinydd yr unedau hynny a oedd yn weddill oedd Roland, nai Siarlymaen.

Heidiodd y Basgiaid o'r goedwig gan ymosod ar y Ffranciaid gyda cherrig a gwaywffyn yn Orreaga. Roedd yn anodd i'r Ffranciaid, gyda'u harfwisgoedd trwm a thrwsgl, i wrthsefyll. Yn ôl un adroddiad lladdwyd pob un o'r Ffranciaid a oedd wedi eu dal yn y cwm, ond mae'n bosibl bod rhai wedi dianc. Yn sicr lladdwyd Roland a rhan fawr o fyddin Siarlymaen. I wneud pethau'n waeth i Siarlymaen nid oedd byddin Fasgaidd iddo ei threchu, gan fod y Basgiaid wedi diflannu'n ôl i'w pentrefi yn y mynyddoedd ar ôl y frwydr. Awst 15, 778 oedd yr unig dro i fyddin Siarlymaen gael ei threchu.

Amlygwyd y frwydr arbennig hon yn y gerdd enwog '*La Chanson de Roland*', sy'n glasur yn llenyddiaeth Ffrainc. Yn hanesyddol mae'n llawn camgymeriadau – ynddi'r Moslemiaid a drechodd y Ffranciaid ac nid oedd y Basgiaid yn bod, a datblygodd Roland ynddi yn arwr! Adlewyrcha hyn broblem a wyneba pob cenedl fechan wrth geisio dehongli, a rhoi ar gof a chadw, gwir hanes y cenhedloedd.

Arweiniodd y rhyfela parhaol at ddatblygiadau pwysig o

fewn tiroedd y Basgiaid, a'r un gweledol amlycaf oedd i'r bobl symud i fyw i drefi caerog. Datblygwyd system o reolaeth filwrol, gyda'r rhai a oedd ar un adeg yn benaethiaid llwythau yn awr yn gadfridogion. Datblygodd y cadfridogion hyn i fod yn ddosbarth uwch yn y gymdeithas. Cafwyd cam hollol newydd yn hanes y Basgiaid ar ddechrau'r nawfed ganrif pan ddaeth Íñigo Arista yn frenin cyntaf ar Iruñea gan reoli, yn ôl y dystiolaeth sydd ar gael, am 34 mlynedd rhwng 824 ac 858, a sefydlu brenhiniaeth y Basgiaid.

Fel yn hanes ymddangosiad dugaeth Gwasgwyn, prin iawn yw'r dystiolaeth am deyrnas Iruñea. Yn y nawfed a'r ddegfed ganrif roedd rheolwyr y deyrnas hon yn galw eu hunain yn rheolwyr Iruñea, nid rheolwyr Nafarroa. Er mai teyrnas Iruñea roddodd y sylfaen i'r unig wir deyrnas Fasgaidd yn hanes y genedl, ni ddylem ystyried fod y Basgiaid yn genedl unedig o bell ffordd. Yn y lle cyntaf, roedd y cysyniad o frenin yn hollol ddieithr i'r Basgiaid. Yn ail, nid oedd brenhinoedd Iruñea mewn unrhyw sefyllfa i osod eu rheolaeth dros y Basgiaid i gyd – yn y gogledd, er enghraifft, roedd dugaeth Gwasgwyn yn rym annibynnol ac yn y de roedd Araba o dan reolaeth brenhinoedd Asturias. Yn Aragon, ardal nad oedd yn rhan o Wlad y Basg, roedd poblogaeth gref o siaradwyr Basgeg yng nghefn gwlad. Mae'n fwy na thebyg hefyd bod nifer o ardaloedd Basgaidd nad oedd dan reolaeth neb. Yn drydydd, roedd y Basgiaid hefyd yn rhanedig o ran eu crefydd. Byddai rhai ardaloedd wedi osgoi dylanwad Cristnogaeth tra byddai eraill, megis teyrnas Iruñea, yn amlwg yn Gristnogol.

Nid oedd teyrnas Iruñea yn deyrnas Fasgaidd bur beth bynnag. Tra bod y tiroedd o amgylch Iruñea yn Fasgaidd, mae'n debygol bod dinasyddion Iruñea ei hun wedi peidio ag ystyried eu hunain yn Fasgiaid – yn rhannol o ganlyniad i ddylanwad y Fisigothiaid a'r Moslemiaid arnynt. Serch hynny, byddai mwyafrif llethol deiliaid y deyrnas hon yn ystyried eu hunain yn Fasgiaid. Er nad oedd unrhyw ymdeimlad o undod hiliol, gwleidyddol na chrefyddol ymhlith y Basgiaid felly, roedd teyrnas Iruñea yn rhagarweiniad i sefydlu'r unig deyrnas ar gyfer y genedl yn ei hanes.

## Teyrnas Nafarroa

Erbyn diwedd y ddegfed ganrif roedd teyrnas Iruñea wedi datblygu'n deyrnas Nafarroa; teyrnas Fasgaidd a fyddai'n aros yn annibynnol hyd ddechrau'r unfed ganrif ar bymtheg.

Erbyn yr unfed ganrif ar ddeg, Nafarroa oedd prif deyrnas gogledd Gorynys Iberia, ac un o deyrnasoedd Cristnogol cyntaf yr orynys. Un o'r cymeriadau mwyaf dylanwadol yn hanes y genedl oedd y brenin Santxo Garces III neu Santxo Fawr (999-1035) oherwydd dan ei arweiniad, am yr unig dro yn eu hanes, lledaenodd rheolaeth y Basgiaid y tu hwnt i'w tiroedd traddodiadol. Nid yn unig daeth yr holl diroedd Euskaraidd eu hiaith o dan ei reolaeth wleidyddol ef, ond yn wahanol i arweinwyr eraill y Basgiaid, dyblodd nifer y tiroedd oedd yn nwylo'r Basgiaid drwy feddiannu Burgos a rhannau eraill o Gastilia hefyd. I'r gogledd, creodd Santxo Fawr y teitl 'Vicomte Lapurdi' i'w gefnder Loup Sanche yn nhref Baiona, a rhoddodd ranbarth gogleddol Zuberoa i'r Vicomte Guillaume Fort. Byddai'r ddau gam yma yn arwyddocaol iawn i undod y Basgiaid yn y dyfodol.

Ni pharhaodd y llwyddiant hwn yn hir, fodd bynnag. Methodd y goron â chreu ymdeimlad o undod yn seiliedig ar hunaniaeth y Basgiaid eu hunain. Edrychai'r goron i'r gorffennol Rhufeinig a Fisigothaidd – yn ogystal ag ar ddylanwadau cyfoes brenhinoedd a thywysogion y tu hwnt i'r Pyreneau – i ddangos ei mawredd, gan anwybyddu diwylliant y Basgiaid eu hunain. Felly, er enghraifft, ni ystyriwyd yr iaith Fasgeg yn addas ar gyfer uchel ddiwylliant nac ar gyfer creu undod o fewn y genedl – Lladin fyddai iaith ei dogfennau swyddogol, nid iaith y Basg. O ganlyniad, nid oedd gan y goron a'r bobl unrhyw ymdeimlad o undod Basgaidd cyffredin. Roedd y rhain yn wendidau sylfaenol.

Wedi marwolaeth Santxo Fawr rhannwyd ei deyrnas rhwng ei feibion. O fewn deng mlynedd ar hugain collwyd y rhan fwyaf o'r tir a enillwyd. Dechreuodd rhanbarth Bizkaia simsanu rhwng teyrnasoedd Nafarroa a Chastilia gan ddewis ymuno â Chastilia yn y diwedd. Castilia oedd yn prysur dyfu ac yn 1200 concrwyd Araba ganddi dan Alffonso VIII, a'r flwyddyn honno hefyd dewisodd Gipuzkoa adael teyrnas Nafarroa am deyrnas Castilia.

Er iddynt gael eu rhannu rhwng Nafarroa a Chastilia, llwyddodd y Basgiaid i gadw eu hunaniaeth. Un ffactor allweddol yn hynny oedd y *fueros*, y cyfreithiau traddodiadol. Ystyr *fueros* yw 'côd o draddodiadau lleol', ac roedd i bob un o ranbarthau'r Basgiaid eu cyfreithiau traddodiadol eu hunain. Rôl y *fueros* oedd cynrychioli'r bobl mewn Cynulliad Cyffredinol. Yn achos Bizkaia, er enghraifft, cyfarfu'r Cynulliad yn y Batzarretxea (Tŷ'r Cynulliad) yn Gernika, ger yr hen dderwen a ddaeth yn arwydd o ryddid y Basgiaid yn y bymthegfed ganrif. Yn

Nafarroa roedd y *fueros* yn gofnod o draddodiadau ac arferion ysgrifenedig ac anysgrifenedig, gan bwysleisio felly barhad ac esblygiad hawliau dros ganrifoedd lawer. Roedd ystod y *fueros* yn eang: roeddynt i sicrhau cyfiawnder i'r cyfoethog a'r tlawd; roeddynt hefyd yn

*Cofeb i leoliad palas brenhinoedd Nafarroa*

22

ymwneud â chyfreithiau masnachol a throseddol. Fe'u cofnodwyd yn ysgrifenedig am y tro cyntaf yn 1155 yn y Gastileg, gan y credid ar y pryd mai honno oedd iaith codau cyfreithiol. Yn *fueros* 1155, nid oes ond un cyfeiriad at arglwydd a thaeog. Castilia oedd yn gyfrifol am gyflwyno nodweddion fel teitlau pendefigion ac arfbeisiau i ddinasyddion cefnog. Nid oedd gan y Basgiaid unrhyw draddodiad o aristocratiaeth, ac yn sicr nid y tu allan i Nafarroa.

Yn 1234 bu farw Santxo'r Cryf, ac o ganlyniad, daeth diwedd i'w linach a olygai fod diwedd Teyrnas Nafarroa yn anorfod. Canlyniad hyn oedd i Nafarroa edrych i gyfeiriad teulu Champagne o Ffrainc am reolwr newydd. Erbyn hyn felly roedd dylanwad Ffrainc i'r gogledd a Chastilia i'r de dros Nafarroa yn fwyfwy amlwg. Adlewyrchwyd y dylanwadau estron hyn gan deulu Loiola, un o deuluoedd amlycaf rhanbarth Gipuzkoa. Roeddynt yn ymladdwyr o fri, ac fe'u gwobrwywyd am ymladd yn erbyn y Moslemiaid, y Ffrancwyr ac yn erbyn eu cyd-Fasgiaid! Chwaraeodd y teulu ran bwysig yn sicrhau bod Gipuzkoa yn dod yn rhan o Gastilia. Ym Medi 1321 bu saith brawd o deulu Loiola o Gipuzkoa yn brwydro ar ochr y Castiliaid a drechodd fyddin Nafarroa a byddin brenin Ffrainc. Yn 1331 cyflwynwyd arfbais i deulu Loiola gan Alffonso XII, brenin Castilia, fel arwydd o ddiolch. Fel nifer o Fasgiaid eraill yn hanes y genedl roedd teulu Loiola felly wedi chwarae eu rhan yn y broses o adeiladu'r deyrnas Sbaenaidd, a hynny ar draul traddodiad annibynnol Gwlad y Basg. Ond roedd y teulu'n parhau'n Fasgiaid o safbwynt eu bywyd diwylliannol.

Yn y gogledd, cynyddodd dylanwadau Ffrengig ar y Basgiaid. Bu i lawer o Ffrancwyr ymsefydlu yn Lizarra; safle un o gartrefi brenhinol Nafarroa; ac roedd dylanwadau Ffrengig yn gryf ar yr adeiladau brenhinol. Arwyddocaol hefyd oedd ymddangosiad trigolion Ffrengig ar arfordir deheuol Gwlad y Basg, symudiad a welodd sefydlu Donostia, er enghraifft, ac yn 1180 derbyniodd y dref ei *fueros*. Hi a Baiona yn y gogledd oedd yr unig aneddiadau o bwys ar yr arfordir ar y pryd. Ychwanegwyd Bilbo atynt yn 1300 a thyfodd nifer o gymunedau llai megis Bermeo a Hondarribia. Dadleua Roger Collins yn ei gyfrol *The Basques* fod y datblygiad hwn yn golygu bod angen sgiliau arbennig gan bobl oedd wedi arfer efo bywyd trefol; ac felly rhaid oedd hybu mewnfudwyr Ffrengig. Roedd y trefi hyn felly, yn wreiddiol, yn unedau hollol wahanol i gefn gwlad o'u cwmpas, ac adlewyrchwyd hyn yn iaith y trigolion. Goroesodd tafodiaith Ffrengig yn nhrefi'r ardal rhwng Donostia a Hondarribia tan yr unfed ganrif a bymtheg. Er bod rhaniad yn datblygu rhwng cymunedau Basgaidd cefn gwlad ar y naill law a'r trefi, yr Eglwys a'r llys brenhinol ar y llall, roedd nifer o aneddiadau Basgaidd pur yn prysur dyfu hefyd.

Erbyn diwedd yr Oesoedd Canol roedd dylanwad gwleidyddol Ffrengig yn llawer mwy amlwg yn rhanbarthau'r gogledd. Yn 1449 llwyddodd y Ffrancwr Gaston de Foix i gipio Zuberoa gyda chefnogaeth brenin Ffrainc. Yn y flwyddyn ganlynol, sicrhaodd brenin Ffrainc ei awdurdod dros ardal Lapurdi, ond cadwodd Lapurdi ei hannibyniaeth. Yn ddiweddarach, yn 1451, concrwyd Baiona gan luoedd brenin Ffrainc, ac erbyn hyn roedd y peryglon i'r Basgiaid o'r gogledd a'r de yn amlwg wrth i frenhinoedd teyrnasau Ffrainc a Chastilia gynyddu eu grym.

## Crefydd

Santiago de Compostela yng Ngalisia oedd prif gyrchfan pererinion Cristnogol Ewrop ac roedd pob llwybr iddi yn pasio drwy diroedd y Basgiaid. Byddai rhai pererinion yn teithio drwy Aragon ac yna'n croesi drwy Nafarroa gan aros mewn mynachdy; eraill yn ymlwybro ar hyd yr arfordir gan

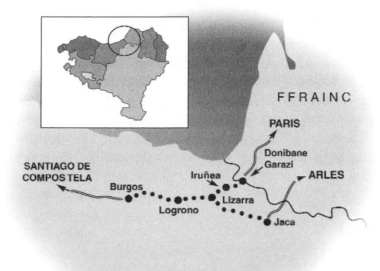

*Llwybr y Pererinion drwy Wlad y Basg*

aros yn nhref gadeiriol Hondarribia cyn parhau ar eu taith ar hyd arfordir Gipuzkoa a Bizkaia. Roedd llwybr arall drwy Nafarroa Beherea, a byddai teithwyr yn aros yn nhref gaerog Donibane-Garazi cyn dringo'r cwm i Orreaga – lle adeiladwyd cartref i bererinion gael aros ynddo yn 1127.

Dros y canrifoedd cafodd hyn ddylanwad mawr ar Wlad y Basg. Cyrhaeddodd pensaernïaeth Romanésg i Wlad y Basg ynghyd â nifer o syniadau Ffrengig. Ymsefydlodd nifer o bererinion Ffrengig yn y wlad ac mae mynachlogydd ym mhob rhan o Wlad y Basg yn debycach i fynachlogydd Ffrengig na mynachlogydd gweddill Gorynys Iberia. Roedd lledaeniad pensaernïaeth Ffrengig yn adlewyrchu derbyniad y Basgiaid o ddylanwadau allanol ar y naill law, ond yn cynrychioli'r bygythiadau i'w hunaniaeth o gyfeiriad cymydog grymus ar y llall.

## Gwlad y Basg a'r Môr yn yr Oesoedd Canol

Un agwedd bwysig ar fywyd economaidd a chymdeithasol y Basgiaid oedd eu traddodiad morwrol, a daeth y Basgiaid yn enwog am eu gallu fel pysgotwyr morfilod. Daeth pysgota'r morfil yn rhan bwysig o fywyd cymunedau'r Basgiaid ar yr arfordir gan y byddai morfilod yn gadael moroedd y gogledd yn y gaeaf am Fôr Iago Llwyd er mwyn magu. Yn y seithfed ganrif adeiladwyd cyfres o dyrau gwylio ar hyd yr arfordir o Bilbo i Baiona i gadw golwg am forfilod, a byddai gan y mwyafrif o'r cymunedau hyn yr offer angenrheidiol i gynhyrchu olew morfil. Er nad oes sicrwydd ynglŷn â phryd yn union ddechreuodd y gweithgaredd hwn, cawn gyfeiriad at werthu olew morfil o wlad y Basg yng ngogledd Ffrainc yn y flwyddyn 670, tua diwedd cyfnod y Fisigothiaid.

Erbyn y seithfed a'r wythfed ganrif roedd y Basgiaid yn pysgota'r morfil ar lefel fasnachol. Roedd galw mawr am gig morfil yn Ewrop oherwydd bod yr Eglwys Babyddol yn gwahardd bwyta cig ar ddydd Gwener ac eithrio pysgod, a oedd yn cynnwys cig morfil. Manteisiodd y Basgiaid ar hyn i werthu'r cig coch naill ai'n ffres neu wedi ei halltu. Byddai'r cig gwyn yn cael ei halltu fel bacwn a datblygodd galw arbennig am dafodau'r morfil; y cig gorau; a'r tafod a ddefnyddid gan nifer o eglwysi lleol a swyddogion llywodraethau fel treth. Cymaint oedd dylanwad pysgota'r morfil a'r grefft o'u dal ar y Basgiaid nes, erbyn y drydedd ganrif ar ddeg, roedd nifer o drefi ar hyd yr arfordir â llun o forfil ar eu selau.

Yn y nawfed ganrif wynebodd y Basgiaid elyn arall: y Llychlynwyr. Llwyddasant i feddiannu glan afon Aturri, ac fel nifer o ymosodwyr eraill ar y Basgiaid cawsant ddylanwad mawr arnynt – y dylanwad amlycaf oedd ar y dull o adeiladu llongau. Dechreuodd y Basgiaid efelychu dull y Llychlynwyr drwy osod y planciau fel eu bod yn gorgyffwrdd, a defnyddio rhybedion haearn, yn hytrach na'r hen ddull o'u gosod ar ffrâm. Canlyniad hyn oedd y gallai llongau'r Basgiaid, fel rhai'r Llychlynwyr, hwylio'n llawer pellach. Roedd hyn yn ei dro yn gwella safon eu morwriaeth.

Un rheswm pam y gallai'r Llychlynwyr deithio mor bell oedd oherwydd eu bod yn bwyta penfras a oedd wedi ei sychu yn aer sych yr Arctig. Gan mai yng ngogledd yr Iwerydd yr oedd penfras i'w gael, nid oedd y Basgiaid wedi dod ar ei draws o'r blaen. Copïodd y Basgiaid ddull y Llychlynwyr o sychu'r penfras ond gan ychwanegu elfen arall, sef ei halltu. Roedd y Basgiaid yn awr yn gallu dilyn y morfil i'w gartref yn yr haf, sef Gwlad yr Iâ, Norwy, Ynysoedd Heledd ac Ynysoedd Ffaröe. Mantais arall iddynt oedd bod penfras i'w gael yn yr ardaloedd yr oedd y morfilod yn treulio'r haf ynddynt. Erbyn yr unfed ganrif ar ddeg roedd y Basgiaid yn hwylio dros 1,000 o filltiroedd i bysgota'r morfil a phenfras yn y gogledd.

Daeth pysgota penfras â sawl mantais i'r Basgiaid. Roedd penfras a sychwyd ac a halltwyd gan y Basgiaid o safon llawer uwch na phenfras y Llychlynwyr. Hefyd roedd yn edrych yn debycach i benfras wedi iddo gael ei socian mewn dŵr. Tra bod pysgod ffres yn ddrud ac yn difetha'n hawdd roedd penfras y Basgiaid yn ddigon rhad i'r werin ei fforddio ac yn cadw dros gyfnod helaeth. Ar ben hynny, roedd yn bosibl ei gludo i gefn gwlad ac roedd yr Eglwys Babyddol yn ei gymeradwyo ar gyfer gwyliau sanctaidd. Hefyd, yn wahanol i'r morfil, ymddengys bod y cyflenwad o benfras yn ddiddiwedd. Bu'r Basgiaid yn gwerthu'r penfras yng Nghatalunya, arfordir Ffrengig Môr y Canoldir, yr Eidal, Groeg a gogledd Affrica. Roedd yn hwb aruthrol i ddiwydiant pysgota'r Basgiaid.

O ganlyniad i'r ffaith eu bod yn awr yn pysgota'n llawer pellach oddi cartref, datblygodd y Basgiaid hefyd yn adeiladwyr llongau blaengar, yn beilotiaid ac yn forlyw-wyr. Buddsoddai'r Basgiaid yn y llongau hyn, gyda rhyw dri i bedwar buddsoddwr i bob llong fel arfer, a'r drefn arferol oedd i'r criw weithio am draean o'r elw. Roedd llongau'r Basgiaid yn fawr ac yn llydan, gyda howldiau sylweddol, ac o ganlyniad roedd galw mawr amdanynt gan bysgotwyr o wledydd eraill. Gallasai'r diwydiant adeiladu llongau cryfion ddatblygu oherwydd y digonedd o goed derw a haearn a oedd ar gael yn y wlad. Ym Mehefin 2002 darganfuwyd olion llong sylweddol ei maint ar lan yr Afon Wysg, a galwyd hi yn 'Llong Casnewydd'. Mae hon o bwys rhyngwladol oherwydd mai hi yw'r unig long gyfan sy'n dyddio o ganol y bymthegfed ganrif i oroesi. Ymddengys ei bod yn bosibl iddi fod wedi cael ei hadeiladu yng ngogledd Gwlad y Basg, yn ardal Baiona, ac yn 2009 awgrymodd un grŵp treftadaeth forwrol o Bilbo fod y llong yn debyg o ran ei dulliau hadeiladu i'r traddodiad yng Ngwlad y Basg. Adeiladwyd hi cyn Mawrth 1446 a chredir mai ei phrif waith oedd masnachu ar hyd arfordir yr Iwerydd – mae'n debygol bod llongau o'r maint yma yn ymwelwyr cyson â Chasnewydd.

Golygai eu gweithgaredd morwrol nad oedd Cymru a Gwlad y Basg yn hollol ddieithr i'w gilydd. Roedd llongau o Gymru yn hwylio cyn belled â'r Orynys Iberaidd, ond nid oeddynt yn lluosog iawn. Fodd bynnag, roedd llawer o longau yn hwylio o Wlad y Basg, a phorthladdoedd i'r gogledd a'r gorllewin ohoni, i gyflenwi milwyr Lloegr yng Nghymru; gyda gwin yn un cargo y gwyddwn iddynt ei gario. Oherwydd y rhyfeloedd rhwng Cymru a Lloegr roedd galw mawr am win yng Nghymru i gyflenwi anghenion milwyr Lloegr – y rhai a adeiladai'r cestyll i gychwyn ac yna'r garsiynau a oedd yno i amddiffyn y cestyll. Mae'n debygol bod nifer o'r Cymry hefyd yn yfed gwin yn yr Oesoedd Canol, er bod faint o win a fewnforiwyd yn dibynnu ar nifer o ffactorau, yn cynnwys rhyfel. Roedd Dugaeth Acwitan, gan gynnwys Gwasgwyn, wedi dod dan reolaeth brenin Lloegr gan ddefnyddio'r teitl dug yn 1204 gyda marwolaeth

Eleanor, gweddw Harri II o Loegr. Rhoddodd y cysylltiadau newydd â Lloegr gyfle euraidd i Baiona ddatblygu, a sefydlwyd dosbarth masnachol ffyniannus yn y dref. Roedd llongau Baiona yn chwarae rhan bwysig iawn yn y fasnach win â Lloegr a byddai brenhinoedd Lloegr yn troi at longau Baiona mewn cyfnod o ryfel: er enghraifft, roeddynt yn rhan o'r fflyd a ddefnyddiwyd yn yr ymgyrchoedd yn erbyn y Cymry gan Edward I. Mae'n sicr bod Basgiaid ymhlith y rhai a oedd yn cyflenwi'r gwin hwn ond mae'n anodd amcangyfrif maint eu cyfraniad. Erbyn diwedd y bedwaredd ganrif ar ddeg roedd gwin yn cyrraedd Cymru o Sbaen (mae cofnod yn ogystal fod gwin o Wasgwyn yn cyrraedd porthladdoedd Cymru), gyda chanran sylweddol o'r hyn a gludwyd yn cychwyn ei daith o borthladdoedd ar hyd arfordir Gwlad y Basg. Yn yr un modd, gwyddwn fod llongau o borthladdoedd Gwlad y Basg wedi chwarae rhan ym masnach wlân a brethyn Cymru yn y blynyddoedd wedi 1354. Roedd blaengarwch masnachol y Basgiaid yn amlwg, ac yn 1351 arwyddodd Bermeo, porthladd pysgota, gytundeb gydag Edward III o Loegr – y cytundeb rhyngwladol cyntaf i dderbyn yr egwyddor o ryddid y cefnforoedd.

Y gred gyffredinol yw i'r Basgiaid gyrraedd arfordir gogledd America, megis Y Tir Newydd (Newfoundland) neu Labrador ymhell cyn i Cristóbal Colón (Christopher Columbus) gyrraedd America yn 1492. Er bod llawer o hanesion ar lafar am y Basgiaid yng ngogledd America cyn y ddegfed ganrif nid oes unrhyw dystiolaeth bendant i gefnogi hynny; ond yn sicr, yn y ganrif cyn i Cristóbal Colón gyrraedd America bu mwy a mwy o hanesion ymhlith morwyr i bysgotwyr Gwlad y Basg gyrraedd tir dros y môr. Yn wir, credai nifer o Ewropeaid fod llongau dan Juan de Echayde a Matais de Echeveste wedi cyrraedd tiroedd ymhell dros y môr ar ddiwedd y bedwaredd ganrif ar ddeg.

Mae diffyg tystiolaeth bendant, fodd bynnag, i brofi i'r Basgiaid gyrraedd America yn yr Oesoedd Canol. Mae'n bosibl mai'r rheswm dros hynny yw mai pysgotwyr o Fasgiaid oeddynt ac felly'n tueddu i gadw cyfrinachau fel hyn oherwydd bod y meysydd pysgota fel aur iddynt. Er diffyg tystiolaeth bendant, ceir dwy ddadl gref dros gredu ei bod yn fwy na thebygol iddynt gyrraedd America yn ystod y cyfnod hwn. Yn y lle cyntaf, roedd y Basgiaid yn pysgota penfras ar raddfa a oedd tu hwnt i'r pysgodfeydd a oedd yn hysbys i weddill Ewrop. Roeddynt hefyd yn pysgota'r morfil a olygai eu bod yn eu dilyn, mae'n debyg, i arfordir gogledd America. Yn ail, y Basgiaid oedd y llongwyr a'r morlyw-wyr gorau, yn meddu ar y llongau gorau ac yn hwylio'n bellach na neb arall yn Ewrop. O ystyried y ffactorau hyn, byddai'n sicr wedi bod yn anodd iawn iddynt fethu gogledd America!

Os oedd y Basgiaid ar drothwy cyfandir newydd yna roeddynt hwy, a gweddill Ewrop, ar fin cychwyn ar anturiaethau newydd wrth i'r hen fyd canoloesol ddirwyn i ben. Byddai'r cyfnod modern cynnar, a oedd ar gychwyn, yn cael sawl effaith ar ddatblygiad a natur Gwlad y Basg a'i phobl.

# II
# Y Cyfnod Modern Cynnar

Roedd ail hanner y bymthegfed ganrif a hanner cyntaf y ganrif olynol yn gyfnod o newid mawr. Hon oedd oes y dadeni dysg, oes y diwygiad crefyddol, oes fforiadau i diroedd pell gan yr Ewropeaid ac oes sefydlu'r gwladwriaethau 'cenedlaethol' sofran newydd.

## Diwedd Nafarroa annibynnol

Erbyn ail hanner y bymthegfed ganrif roedd Gwlad y Basg yn wynebu cael ei gwasgu gan rymoedd o'r gogledd a'r de, wrth i frenhinoedd y wladwriaeth Ffrengig a choron Castilia gynyddu eu grym. Roedd dirywiad graddol coron Nafarroa dros y canrifoedd yn un o'r rhesymau dros y sefyllfa fregus, ond roedd hefyd yn adlewyrchu'r anhrefn cyffredinol a berthynai i'r cyfnod. Yn anffodus i deyrnas Nafarroa roedd ei dirywiad yn cyd-redeg ag ymddangosiad dau o'r cymeriadau mwyaf dylanwadol yn hanes Gorynys Iberia.

Yn 1469 priododd Isabella o Gastilia â Fferdinand II o Aragon. Prif arwyddocâd yr uniad hwn oedd iddo fod yn gam cyntaf yn y broses o greu gwladwriaeth sofran 'genedlaethol', sef Sbaen. Dangosodd Fferdinand fod y ddawn i greu gwladwriaeth ganddo: roedd yn wladweinydd hirben ac yn arweinydd milwrol llwyddiannus. I ychwanegu at y cryfderau hyn, roedd Isabella yn Babydd pybyr. Hi yn bersonol a ddaeth â'r *Reconquista*, y frwydr yn erbyn y Moslemiaid, i ben yn 1492 drwy arwain ei byddin yn erbyn teyrnas Foslemaidd Granada. Drwy'r fuddugoliaeth hon dinistriwyd brenhiniaeth Foslemaidd olaf Gorynys Iberia. Pan fu farw Isabella yn 1504 roedd y rhan fwyaf o'r orynys y tu allan i Bortiwgal a Nafarroa yn ei dwylo hi a'i gŵr. Nid heb sail y'u hadwaenid fel y 'Brenhinoedd Pabyddol'. Ond ar farwolaeth Isabella, aeth ei theyrnas i ddwylo'i merch, Juana, a'i gŵr, Phillip.

Dewis Fferdinand fel ail wraig oedd Germaine de Foix, oedd yn perthyn i'r teulu a reolai Nafarroa ac yn nith i'r Brenin Louis XII. Roedd Fferdinand am gipio Nafarroa gan ei deulu yng nghyfraith. Yn 1512 gofynnodd Fferdinand am ganiatâd i'w fyddin basio drwy'r deyrnas, gan esgus ei fod am ymosod ar y wladwriaeth Ffrengig; ond yr hyn a wnaeth oedd cipio Nafarroa gyda chefnogaeth y Babaeth. Esgymunwyd arweinwyr Nafarroa, Jean d'Albert a Catherine de Foix (a oedd yn gyfnither i Germaine de Foix) a datganwyd fod Nafarroa heb frenhinoedd cyfreithlon. Ffodd y ddau dros y Pyreneau i ogledd Nafarroa (sef Nafarroa Beherea) nad oedd wedi disgyn i ddwylo byddin Fferdinand. Drwy addo y byddai'n parchu'r *fueros*, cipiwyd Iruñea gan Fferdinand ac ildiodd gweddill Nafarroa i'r de o'r Pyreneau iddo. Fferdinand yn awr oedd rheolwr 'Sbaen', sef Gorynys Iberia i gyd, ac eithrio Portiwgal.

Ond roedd Nafarroa wedi bod yn deyrnas annibynnol am ganrifoedd ac nid mater hawdd fyddai ei threchu'n llwyr. Daeth amrywiol garfannau gwladgarol i'r amlwg oedd am ddiogelu hunaniaeth a thraddodiadau'r Basgiaid. Ymddangosodd mudiadau milwrol a fynnai bod angen cadw'n llawer agosach at y *fueros* traddodiadol. Cydweithiai eraill â'r mudiad dros annibyniaeth. Gyda de Gwlad y Basg dan reolaeth Fferdinand, canolfan y mudiad hwn oedd Nafarroa Beherea a'u gobaith oedd ail-uno dwy ran Nafarroa. Yn amlwg felly nid oedd Nafarroa am fod mor dawedog â gweddill y tiroedd a ddaeth i feddiant Fferdinand. Gellid dadlau felly mai yn Nafarroa Beherea yng ngogledd Gwlad y Basg y cafwyd yr ymdrechion cyntaf i ailafael mewn hawliau traddodiadol a hanesyddol a diogelu hunaniaeth y Basgiaid. O ganlyniad i ystyfnigrwydd y gogleddwyr, am ddeng mlynedd wynebodd Castilia nifer o ymdrechion i ryddhau Nafarroa o'i gafael. Ateb Fferdinand yn ystod ei deyrnasiad ef oedd gwneud Nafarroa yn rhan o Gastilia. Er mwyn ennill cefnogaeth Nafarroa tyngodd Siarl I, olynydd Fferdinand, lw y byddai'n parchu'r *fueros* ac y byddai gan Nafarroa annibyniaeth weinyddol o fewn Castilia.

Yn 1516 bu farw Fferdinand. Penderfynodd Jean d'Albert a Catherine de Foix, yn eu teyrnas yn Nafarroa Beherea, mai dyma'r amser i daro yn erbyn grym Castilia yn Nafarroa. Trechwyd eu byddin. Bu farw Jean d'Albert, brenin olaf Nafarroa, yr un flwyddyn. Y flwyddyn ganlynol, bu farw Catherine de Foix. Daeth yr unig deyrnas Fasgaidd hanesyddol i ben.

Yn 1517 cyrhaeddodd Siarl I y wladwriaeth sofran Sbaenaidd newydd a adawyd iddo gan ei daid, Fferdinand. Ganwyd Siarl yn 1500 yn yr Iseldiroedd yn fab i Philip I, mab yr Ymerawdwr Macsimilian o deulu Habsbwrg, a Juana, merch Isabella a Fferdinand. Wedi marwolaeth Fferdinand ym Mawrth 1516 roedd gan Siarl hawl i Goron Aragon, a gyda Juana'n wallgof ac yn methu â rheoli daeth Siarl yn frenin Castilia ar y cyd â hi. Wrth iddo deithio o amgylch ei deyrnas newydd, a chyn iddo gyrraedd Nafarroa, bu farw ei daid arall, yr Ymerawdwr Macsimilian. O ganlyniad daeth Siarl yn Ymerawdwr Sanctaidd Rhufeinig, ac felly'n Siarl V, a gadawodd Gorynys Iberia am ei ymerodraeth newydd. Yn ei absenoldeb bu nifer fawr o wrthryfeloedd mewn sawl rhan o'r orynys. Dechreuodd y Basgiaid alw am annibyniaeth gyda Henri d'Albert, mab Catherine a Jean, yn eu harwain. Cefnogwyd hwy o gyfeiriad annisgwyl. Roedd brenin y wladwriaeth Ffrengig, Ffransis I, wedi gobeithio bod yn Ymerawdwr ei hun. Er mwyn dial ar Siarl rhoddodd ei gefnogaeth i Henri d'Albert, er nad oedd ganddo ddim i'w ddweud wrth y Basgiaid. Yn 1521 cipiodd byddin o 12,000 bentref caerog Donibane Garazi. Roedd y fyddin yn cynnwys Basgiaid, Almaenwyr a gwirfoddolwyr o Wasgwyn a Béarn. Wrth iddynt symud i gyfeiriad Iruñea ymunodd mwy a mwy o Fasgiaid â hwy. Agorwyd giatiau Iruñea iddynt! Ffodd y Castiliaid.

Ond nid oedd pawb yn fodlon. I rai Basgiaid, teulu enwog Loiola yn eu plith, rhaid oedd cael gwared â'r Ffrancwyr o'r tir. Cyrhaeddodd llu a oedd yn bleidiol i Gastilia dan Martín de Loiola. Yn fwy arwyddocaol aeth ei frawd, Iñigo de Loiola, a'i filwyr i mewn i'r gaer a pherswadio rhai a oedd ar fin encilio i aros. Profodd y fagnelaeth yn rhy gryf iddynt a chwympodd y gaer, ond gwnaeth y Ffrancwyr gamgymeriad allweddol. Ar y ffordd i mewn i deyrnas Castilia treuliasant rai dyddiau yn ysbeilio; ac yn sydyn iawn roedd Basgiaid yn tyrru i gefnogi byddin Castilia a'r brenin Siarl I yn erbyn y Ffrancwyr.

Trechwyd y fyddin Fasg-Ffrengig ar 30 Mehefin, 1521 a lladdwyd rhai miloedd o'u milwyr. Parhaodd nifer o'r Basgiaid i frwydro dros annibyniaeth Nafarroa am flwyddyn wedyn. Ymhlith y rhain roedd nifer o frodyr Francisco de Jassu y Javier (Sant Francis Xavier) a lwyddodd i ddal eu tir am tua blwyddyn, cyn iddynt gael eu gorfodi i ildio. Daeth Nafarroa, unwaith yn rhagor, dan reolaeth Castilia. Roedd y Castiliaid yn benderfynol o sicrhau na fyddai Nafarroa, oherwydd ei lleoliad strategol bwysig ar y ffin â theyrnas Ffrainc, yn codi eto. Ar hyd a lled Nafarroa dymchwelwyd nifer o gestyll yn llwyr. Sicrhaodd Castilia bod byddin barhaol yn Nafarroa, trefn a oedd i barhau am ganrifoedd i ddod. Ar y llaw arall, gellid dadlau nad oedd rheolaeth Castilia dros Nafarroa nemor ddim na newid teulu llywodraethol. Wedi'r cyfan, parhau oedd cyfundrefn *fueros* Gwlad y Basg gyda'i chyfreithiau ei hun, ei ffiniau ei hun a'i harian bath ei hun.

Yn sicr roedd y *fueros* yn rhywbeth y gallai'r Basgiaid ymfalchïo ynddynt. Roedd fersiwn 1526 o'r *fueros* yn un o'r codau cyfreithiol cyntaf i wahardd arteithio. Roeddynt hefyd yn diogelu'r bobl rhag cael eu harestio, neu chwilio eu cartrefi, heb achos. Er nad oedd y *fueros* drwyddynt draw yn rhoi hawliau cyfartal i ferched, roedd yn rhoi mwy i ferched na sawl cyfraith ganoloesol.

Ni ellir gorbwysleisio pwysigrwydd y *fueros* i hunaniaeth y Basgiaid. Roedd pendefigion Bizkaia a Gipuzkoa wedi disgyn dan ddylanwad Castilia tra bod Gwasgwyn wedi ei rheoli gan Acwitaniaid, Saeson a Ffrancwyr ers 1032. Roedd y *fueros* felly yn allweddol i unrhyw syniad o hunaniaeth Basgaidd. Yr hyn sy'n bwysig yw bod y Basgiaid eu hunain yn eu hystyried yn rhan allweddol o'u cymunedau ac o'u hunaniaeth. Dim syndod i'r wladwriaeth Ffrengig ymosod yn raddol ac, ar adegau, yn ffyrnig ar yr hawliau hynny.

Nid oedd yr iaith eto wedi ei hystyried yn gyfrwng undod nac yn gyfrwng ar gyfer unrhyw fath o uchel ddiwylliant – ond nid oedd yr iaith wedi dechrau dirywio eto ychwaith. Gwelwyd agwedd newydd tuag at iaith a hunaniaeth y Basgiaid erbyn diwedd yr unfed ganrif ar bymtheg. Hon oedd canrif y fforiadau Ewropeaidd ac am y tro cyntaf daeth Ewropeaid i gysylltiad â phobloedd America a chafwyd math o chwyldro ethnolegol. Ceisiodd yr hanesydd Basgaidd cyntaf, Esteban de Garibay, olrhain hanes y Basgiaid a tharddiad yr iaith. Un peth a'i sbardunodd ef a'i debyg oedd ymgais gan nifer yng Nghastilia i ddangos mai ymylol oedd y Basgiaid erioed, ac i ddifrïo eu hiaith. Canlyniad yr ymosodiad hwn ar y Basgiaid oedd ymgais rhai gwladgarwyr Basgaidd i adweithio drwy geisio dangos fod y Basgiaid wedi chwarae rhan flaenllaw yn hanes yr orynys. Yn ddiddorol, fodd bynnag, Bizkaia a Gipuzkoa oedd canolbwynt eu dadl, ac anwybyddwyd gweddill Gwlad y Basg ganddynt.

Ond roedd newid mawr ar droed yn Nafarroa. Golygai llwyddiant y wladwriaeth Sbaenaidd lwyddiant grymoedd Pabyddol a nerth y Chwilys; llys crefyddol a sefydlwyd i gael gwared â'r sawl a oedd yn gweithredu yn erbyn yr Eglwys.

## Crefydd

Un o'r prif ddigwyddiadau yn hanes Ewrop yn yr unfed ganrif ar bymtheg oedd chwalu undod yr Eglwys Babyddol. Parhaodd y wladwriaeth Sbaenaidd yn driw i'r hen ffydd a bu'r Basgiaid yn amlwg yn y frwydr i'w diogelu.

Roedd gan y 'Brenhinoedd Pabyddol' un arf allweddol yn eu hymdrechion i ddiogelu Pabyddiaeth o fewn eu teyrnasoedd, sef y Chwilys. Sefydlwyd y Chwilys yn Aragon yn yr Oesoedd Canol gyda'r bwriad o ddiogelu purdeb yr eglwys. Erbyn diwedd yr Oesoedd Canol roedd wedi'i ddiwygio ac wedi symud i Gastilia. Ar ôl trechu'r Moslemiaid sicrhaodd Isabella fod gan y Chwilys rym ym mhob rhan o'i hymerodraeth enfawr. Chwilys Sbaen oedd yr unig chwilys nad oedd dan reolaeth Rhufain. Roedd gan yr Arch-chwilyswr ganiatâd coron Castilia i ymddwyn fel y gwelai'n deilwng. Roedd ei heddlu cudd a'i garchardai yn codi ofn ar hyd a lled y deyrnas. Drwy'r Chwilys ymosodwyd ar Iddewon a Moslemiaid a diarddelwyd tua 300,000 o bobl o Gastilia ac Aragon. Bu'r Basgiaid, fel Pabyddion da, yn cydweithio gyda'r Chwilys i ddal a diarddel Iddewon a Moslemiaid.

Yn y rhannau o Wlad y Basg a oedd o fewn ffiniau'r wladwriaeth Ffrengig, fodd bynnag, roedd y sefyllfa ychydig yn wahanol. Er nad oedd croeso i Iddewon na Moslemiaid a oedd wedi cael eu diarddel o'r wladwriaeth Sbaenaidd, gallai Iddewon o lefydd eraill fyw yno dan reolau caeth. Yn ystod yr unfed ganrif ar bymtheg a'r ganrif ddilynol, ymsefydlodd nifer o Iddewon o Bortiwgal yn rhanbarthau gogleddol

Gwlad y Basg; ond yn 1602 gorchmynnodd Henri IV, brenin y wladwriaeth Ffrengig, fod pob un Iddew o Bortiwgal i adael Lapurdi o fewn mis. Gan gychwyn gyda Baiona diarddelwyd yr Iddewon fesul tref ond er mai'r ateb i rai oedd symud i'r dref nesaf bob tro y'u diarddelwyd, aeth eraill i fyw i wledydd yng ngogledd Ewrop.

Datblygiad pwysig ar lefel Ewropeaidd oedd sefydlu Cyngor o fewn yr Eglwys Babyddol a elwid yn Gyngor Trent. Fe'i sefydlwyd yn ninas Trento yn yr Eidal a chyfarfu rhwng 1545 ac 1563. Ei fwriad oedd cychwyn cyfnod o ddiwygio o fewn yr Eglwys Babyddol gan ganolbwyntio ar gondemnio athrawiaethau Protestannaidd, ond wedi peth amser, sylweddolodd yr eglwys na fyddai'r Protestaniaid yn dychwelyd i'r ffydd. Atgyfnerthwyd credoau'r Eglwys Babyddol a chychwynnwyd ar yr ymosodiad yn erbyn Protestaniaid a phob heretic arall, gan gynnwys Iddewon, Moslemiaid a Sipsiwn. Golygai hyn, yn fwy cyffredinol, agwedd llawer llai goddefol, a hynny ym mhob rhan o Ewrop. Bu i Fasgwyr chwarae rhan allweddol yn y mudiad hwnnw, un ohonynt yn arbennig iawn.

Yn 1491 ganwyd Iñigo López de Oñaz y Loiola (Ca. Ignatius Loyola). Fel y nodwyd eisoes bu'r teulu, er yn Fasgiaid o ran eu diwylliant, yn enwog am wasanaethu brenhinoedd Castilia a thrwy hynny gwneud eu ffortiwn. Bu tad Loiola, Bertrand de Loiola, yn brwydro dros Fferdinand ac Isabella yn erbyn lluoedd y wladwriaeth Ffrengig yn Hondarribia yn 1476. Roedd hwn yn gyfnod cythryblus a chyffrous. Yng ngwir draddodiad y teulu bu brodyr Iñigo Loiola yn filwyr ac anturwyr. Er iddo ef ei hun gychwyn hyfforddiant i fod yn offeiriad, troi at yrfa filwrol wnaeth yntau hefyd. Dangosodd ei ddewrder yn y frwydr i amddiffyn Iruñea pan drechwyd byddin Castilia yn 1521. Daliwyd ef gan luoedd Ffrengig, rhoddwyd llawdriniaeth iddo a'r eneiniad olaf. Anfonwyd ef gartref lle cafodd lawdriniaeth bellach a'r eneiniad olaf eto. Dechreuodd wella, ond gan nad oedd ei goes wedi ei thrin a'i gosod yn iawn roedd yr asgwrn yn ymwthio allan ohoni. Gan mai ei obaith oedd dychwelyd i'w fywyd fel gŵr ifanc golygus mynnodd dorri'r asgwrn i ffwrdd. Canlyniad hyn oedd iddo gael llawdriniaeth bellach a gorfod wynebu misoedd yn ei wely mewn poen. Yno y dechreuodd ystyried pwrpas ei fywyd.

Y canlyniad fu iddo roi ei fywyd i'w grefydd, a bu'n bererin a meudwy am gyfnod. Ar ddiwedd y 1520au fe'i harestiwyd gan y Chwilys oherwydd iddo dangos diddordeb mewn agweddau o ddysgeidiaeth yr Iddewon a'r Moslemiaid. Gwaharddwyd ef rhag pregethu ac felly aeth i ddinas Paris i astudio diwinyddiaeth. Yn rhannu ystafell gydag ef roedd Basgwr arall, Francisco de Jassu y Javier (Francis Xavier), a oedd wedi dianc o Nafarroa gan fod ei deulu wedi ymladd ar ochr Henri d'Albert. Lladdwyd ei dad wrth ymladd yn erbyn Castilia. Roedd Loiola a Javier yn adlewyrchu'r rhaniad o fewn y Basgiaid eu hunain ond eto fe ddaeth y ddau yn gyfeillion.

Ar 15 Awst, 1534 sefydlodd Loiola a saith arall Gymdeithas yr Iesu (yr Iesuwyr). Roeddynt yn addunedu diweirdeb, tlodi a phererindod i Jerwsalem. Daethant yn adnabyddus am eu tuedd tuag at yr ocwlt, ond yn fwyaf arbennig am eu disgyblaeth. Fe wrthodent ufuddhau i swyddogion lleol yr eglwys ond roeddynt yn gyfan gwbl ffyddlon i'r Pab. Yr Iesuwyr oedd 'milwyr' y Gwrthddiwygiad. Yn yr ymdrech i adennill y tiroedd a gollwyd i Brotestaniaeth, yr Iesuwyr oedd yr urdd grefyddol fyd eang gyntaf. Roedd elfen filwrol i'r urdd: teitl Loiola oedd 'cadfridog' ac ystyriai ei ddilynwyr yn farchogion a oedd yn ymladd i goncro tiroedd i'r Eglwys Babyddol. Bu farw Loiola yn 1556 a gwnaed ef yn sant yn 1622. Pan fu farw roedd dros fil o Iesuwyr yn gweithredu ar hyd a lled Ewrop a thu hwnt.

Un arall a seintiwyd yn 1622 oedd Francisco de Jassu y Javier, a adwaenid gan amlaf yn Sant Francis Xavier. Ef oedd disgybl pennaf Loiola – bu'n cenhadu yn Asia a bu farw yn 1552 tra ar y ffordd i Tsieina. Er mai Loiola oedd yr enwocaf, gwnaeth y ddau mewn gwirionedd gyfraniad tu hwnt i'r disgwyl i'w ffydd.

## Agweddau morwrol y cyfnod

Gan fod dechrau'r cyfnod modern yn gyfnod o fforio i bellafoedd y byd ac o ryfeloedd ar y môr, roedd galw mawr am wasanaeth y Basgiaid. Datblygodd y diwydiant adeiladu llongau ar hyd arfordir Gwlad y Basg yn ystod y bymthegfed ganrif a'r unfed ganrif ar bymtheg. Roedd digonedd o nwyddau crai, megis haearn a choed derw, yng nghefn gwlad a datblygodd nifer o bentrefi bychain arfordirol i fod yn ganolfannau adeiladu llongau o bwys. I nifer o gyfoeswyr, y Basgiaid a gynhyrchai'r llongau gorau yn y byd, boed hynny'n llongau pysgota, masnach, rhyfel neu'n llongau pysgota morfilod. Roedd pentref bychan Pasaia, er enghraifft, yn borthladd pysgota morfilod ac roedd ei boblogaeth wedi'i gwasgu i un stryd ar yr arfordir. Ond roedd ei gyfleusterau porthladd ymhlith goreuon y byd. Roedd y wladwriaeth Sbaenaidd yn ymwybodol bod sgiliau morwrol y Basgiaid yn allweddol iddynt hwy ac yn 1501 a 1551 gwaharddwyd y Basgiaid rhag adeiladu llongau i wladwriaethau eraill.

Adlewyrchwyd blaengarwch y Basgiaid yn y maes hwn yn y modd y chwaraeodd nifer ohonynt ran mewn sawl datblygiad arloesol yn y cyfnod. Yn 1505 aeth y Basgwr Juan Lope de Lazcano, cadlywydd y llynges Sbaenaidd, ati i gomisiynu llong ag iddi asennau haearn, a thrwy hynny greu sail i ddatblygiadau na ddaethant yn gyffredin tan ganrifoedd wedyn. Yn 1543 cyflwynodd Blasco de Garay y syniad o long yn rhedeg dan nerth olwyn enfawr a yrrwyd gan dawch dŵr berwedig. Ni lwyddodd i gael unrhyw gefnogaeth i'r syniad ac mae'n bosibl i hynny amharu ar ddatblygiadau diwydiannol ar lefel Ewropeaidd am rai canrifoedd.

Fe welwyd eisoes bod posibilrwydd cryf i'r Basgiaid gyrraedd arfordir America ymhell cyn diwedd y bymthegfed ganrif. Yr hyn sydd yn sicr yw bod digon o dystiolaeth o bresenoldeb Basgiaid yng ngogledd America yn fuan wedi i Cabot gyrraedd Y Tir Newydd yn 1497. Roedd llawer o'r enwau a ddefnyddiwyd gan bysgotwyr yno yn tarddu o Euskara, iaith y Basg: daw Bonne Bay o'r Fasgeg *Baya Adhere* ac Ingornachoix Bay o *Aungura Charra*. Ar y llaw arall, nid oes digon o dystiolaeth ieithyddol i brofi bod y Basgiaid wedi cymysgu â'r llwythau brodorol cyn yr unfed ganrif ar bymtheg. Nodwyd, er enghraifft, bod llawer o eiriau iaith yr Huron, un o'r llwythau brodorol, yn debyg i Euskara ond gellir yn hawdd dadlau mai cyd-ddigwyddiad yw hynny. Yr hyn sydd yn sicr yw, o fewn dim i ddechrau oes y darganfyddiadau, roedd y Basgiaid yn pysgota morfilod oddi ar arfordir Brasil, yn yr Arctig ac yn Antartica. Credir ei bod yn ddigon posibl bod cymaint â 2,000 o Fasgiaid yn byw yn Y Tir Newydd oddeutu 1560. Pan oedd y Llydäwr Jacques Cartier ar ei fordeithiau ef (1534-42) gwelodd ddigon o dystiolaeth o bresenoldeb y Basgiaid yn Y Tir Newydd fel pysgotwyr. Erbyn diwedd yr unfed ganrif ar bymtheg roedd 60 o longau pysgota ym Mae Placentia; wyth o Sbaen a'r gweddill o Wlad y Basg.

Gyda'r môr yn chwarae rhan mor bwysig yn eu bywydau nid yw'n syndod bod y Basgiaid ymhlith y rhai a aeth ar fforiadau am diroedd newydd yn ystod y cyfnod hwn. Credir i'r *Santa María*, un o'r llongau ar fordaith gyntaf Cristóbal Colón (Christopher Columbus) i America yn 1492, gael ei hadeiladu gan y Basgiaid. Roedd nifer o Fasgiaid ymhlith y criw. Trefnwyd ail fordaith Cristóbal Colón yn Bizkaia gan ddau Fasgwr – roedd Juan de Arbolancha yn berchennog llongau a Iñigo de Artieta yn gadlywydd y llynges. Adeiladwyd chwech o longau a hwyliodd y fforwyr o Bermeo yng Ngwlad y Basg yn 1493. Y peilotiaid oedd y Basgiaid Lope de Olano a Martín Zamudio ac roedd nifer o'r criw eto'n Fasgiaid. Roedd Basgiaid ymhlith y criw ar drydedd a phedwaredd fordaith Cristóbal Colón hefyd. Un o'r rhai a oedd yn bendant ar yr ail fordaith, ac o bosib ar y cyntaf hefyd, oedd Juan de La Cosa, neu 'Juan y Basg' fel y'i hadwaenid. Bu ef yn fforio yn y Caribî ac ef oedd y cyntaf i lunio map o'r byd a oedd yn cynnwys America yn 1500. Yn 1509 lladdwyd ef lle mae Colombia heddiw. Un o'r Basgiaid, Sebastián Vizcaíno, oedd un o fforwyr cyntaf arfordir Califfornia a hwyliodd i'r gogledd o Fae San Francisco.

Ond ni chyfyngwyd y Basgiaid i arfordiroedd America. Pan arweiniodd yr anturiwr o Bortiwgal, Fernão de Magalhães (Fferdinand Magellan) fordaith Sbaenaidd o amgylch y byd yn 1519 roedd o leiaf 35 o Fasgiaid ymysg y 200 o fforwyr. Ni welodd Fernão de Magalhães, na nifer o'i ddynion, ddiwedd y daith, felly'r dyn cyntaf i hwylio o amgylch y byd oedd Basgwr, Juan Sebastián de Elcano!

Roedd Elcano wedi cychwyn ei yrfa forwrol drwy hwylio ar longau pysgota. Yna bu'n hwylio ar longau llawer mwy sylweddol eu maint a bu'n fforio ar hyd arfordir Affrica. Yn fuan yn ystod y fordaith o amgylch y byd daeth Fernão de Magalhães ac Elcano yn elynion. Am iddo gymryd rhan mewn gwrthryfel yn ei erbyn dedfrydwyd Elcano i farwolaeth gan Fernão de Magalhães. Bu mewn carchar ar ddedfryd o lafur caled am bum mis ym Mhatagonia tra oedd y criw yn disgwyl am y gwanwyn cyn symud drwy'r swnt i'r Môr Tawel. Ond tair llong yn unig gyrhaeddodd y Ffilipinau a lladdwyd Fernão de Magalhães mewn brwydr yn erbyn rhai o'r brodorion. Oherwydd ymladd a newyn dim ond 110 o ddynion oedd yn fyw pan adawyd ynysoedd y Ffilipinau a dwy long yn unig oedd yn weddill, y *Trinidad* a'r *Victoria*. Elcano yn awr oedd capten y *Victoria* ac yn arwain y fforwyr. Bu'r llongau'n masnachu am gyfnod ond gadawyd y *Trinidad* yno i gael ei hatgyweirio. Ar 8 Medi, 1522 hwyliodd y *Victoria*, llong a adeiladwyd yng Ngwlad y Basg, i mewn i Seville dan un a anwyd yng Ngwlad y Basg. Roedd 18 o ddynion ar ei bwrdd, o leiaf pedwar ohonynt yn Fasgiaid. Derbyniodd Elcano bensiwn ac arfbais gyda glôb arno a'r geiriau *Primus Circumdedisti Me* (ti, y cyntaf i hwylio o'm hamgylch).

Roedd yr ail ddyn i hwylio o amgylch y byd hefyd yn Fasgwr. Cyrhaeddodd Andrés de Urdaneta gartref wedi mordaith o naw mlynedd yn 1536. Yng nghanol anturiaethwyr y byd newydd roedd Miguel Lopez de Legazpi y Gorrocategui, a aeth i Fecsico yn 1529 gan wneud ei ffortiwn yno. Yna hwyliodd i'r Ffilipinau gan gipio Luzon a sefydlu Manila fel prifddinas y drefedigaeth newydd yn 1571.

Agwedd arall ar brofiadau'r Basgiaid yn ystod y cyfnod hwn oedd eu bod yn byw o fewn ffiniau dwy wladwriaeth. Felly er i wladwriaeth Sbaen a Ffrainc fod yn rhyfela'n gyson yn erbyn ei gilydd bu pysgotwyr o Fasgiaid yn hwylio o borthladdoedd y ddwy ochr i ffiniau'r gwladwriaethau mawr er mwyn pysgota. Siaradent yr un iaith ac roeddynt yn heddychlon efo'i gilydd ac yn gyfeillgar â'r Ffrancwyr a'r Portiwgeaid yr ochr arall i'r Iwerydd. Wrth i'r blynyddoedd fynd rhagddynt gorfodwyd morwyr Basgaidd i ochri gyda'r naill wladwriaeth neu'r llall, ac felly y bu hi tan y 1580au. Erbyn hynny roedd Philip II o Sbaen hefyd yn frenin ar Bortiwgal ac yn wynebu gwrthryfeloedd yn ei diroedd enfawr yr ochr arall i Fôr yr Iwerydd. Wrth i Philip hawlio llongau a llongwyr y Basgiaid bu llai o Fasgiaid yng ngogledd America. Er mwyn atal cystadleuaeth o du'r wladwriaeth

Ffrengig ym meysydd pysgota penfras Y Tir Newydd dechreuodd llongau'r wladwriaeth Sbaenaidd ymosod ar longau pysgota o ogledd Gwlad y Basg. Dechreuodd llongau arfog hwylio allan o Donibane-Lohizune i'w hamddiffyn. Daethant hwy yn eu tro yn herwlongau. Er yn annibynnol roeddynt yn ymosod ar longau'r wladwriaeth Sbaenaidd yn enw'r wladwriaeth Ffrengig.

Roedd masnach Gwlad y Basg yn ffynnu yn ystod y cyfnod hwn. Un o'r rhesymau dros hynny oedd diffyg tir ffrwythlon y wlad ac felly rhaid oedd edrych tu hwnt i'w ffiniau am fwyd. O ganlyniad i hyn nid oedd brenhinoedd Castilia am i Wlad y Basg dalu tollau ar fewnforion. Roedd nwyddau a laniai ym mhorthladdoedd y Basgiaid wedi'u heithrio o orfod talu trethi. Yn hytrach, os oeddynt am fynd i Gastilia yna rhaid oedd eu cludo ar draws y wlad cyn croesi'r ffin i mewn i Gastilia a thalu tollau. Hwb ychwanegol oedd y gellid glanio nwyddau ym mhorthladdoedd de Gwlad y Basg ac yna eu cludo i Ewrop heb fynd i mewn i ardal talu tollau'r wladwriaeth Sbaenaidd o gwbl. Manteisiodd y Basgiaid ar hyn. Byddent, er enghraifft, yn prynu gwlân Castilia a'i werthu i Ewrop, lle'r oedd galw mawr amdano. Ond y ddau faes amlycaf lle'r oedd y Basgiaid ar y blaen oedd mewn cynhyrchu olew morfilod a haearn.

Ymhell cyn i'r Saeson a'r Iseldirwyr ddod yn flaengar yn y maes hwn, roedd gan y Basgiaid fonopoli fwy neu lai ar gynhyrchu olew morfilod. Roedd yr olew hwn yn addas ar gyfer goleuo, gwneud sebon a phrosesu yn y diwydiant tecstilau. Manteisiodd y Basgiaid ar y berthynas wael rhwng y Castiliaid, y Saeson a'r Ffrancwyr, a'r ffaith eu bod hwy eu hunain o fewn ffiniau dwy wladwriaeth sofran. Felly, yn yr unfed ganrif ar bymtheg roedd Donibane-Lohizune a phentrefi cyfagos, ynghyd â thref Baiona, yn ffynnu oherwydd y diwydiant morfilod.

Roedd galw mawr am haearn Gwlad y Basg hefyd. Roedd yr haearn hwnnw o safon uchel iawn ac, fel yn achos nwyddau eraill, nid oedd rhaid talu trethi'r wladwriaeth Sbaenaidd arno. Golygai'r holl haearn a oedd ar gael yn Bizkaia bod Gwlad y Basg yn cynhyrchu a chyflenwi traean o haearn Ewrop gyfan gan gynhyrchu amryw o nwyddau megis cleddyfau ac angorion.

Roedd y nwyddau hyn yn dominyddu'r fasnach â Chaer yn Lloegr. Caer oedd prif borthladd yr ardal a ymestynnai o Abermaw, ar hyd arfordir gogledd Cymru ac yna ar hyd arfordir Lloegr hyd at afon Duddon. Mae'n debygol felly fod llawer o borthladdoedd Cymru yn chwarae rhan yn yr un fasnach, a nwyddau megis gwin yn bwysig. Cyrhaeddodd y llong gyntaf i ddadlwytho gwin yng Nghaer yn 1473 o Hondarribia yng Ngwlad y Basg ac wedi hynny tyfodd y fasnach yn sylweddol gan gyrraedd ei uchafbwynt yn 1520-30. Roedd llawer o'r gwinoedd yn cychwyn eu taith yn Andalusia ond roeddynt yn cael eu hallforio o borthladdoedd fel Bermeo ar arfordir Gwlad y Basg. Roedd gwin hefyd yn dod o Wasgwyn – a olygai mewn sawl achos Wlad y Basg. Yn 1521-22 daeth y llong Iberaidd *Maria Perle* â gwin Gwasgwyn a haearn Basgaidd o Donostia i Fiwmares ym Môn.

Un rheswm pam yr oedd Cymru a gogledd orllewin Cymru yn gallu masnachu'n eithaf rhwydd â Gwlad y Basg oedd bod Gwlad y Basg yn ddigon pell o oruchwyliaeth y Tuduriaid. Er i'r rhyfel rhwng y gwladwriaethau Sbaenaidd a Seisnig, yn ystod teyrnasiad Philip II ac Elisabeth I, effeithio ar y fasnach rhyngddynt, manteisiodd rhai masnachwyr ar y cyfle i droi at ogledd Wlad y Basg, megis Baiona a Donibane-Lohizune. Ond, erbyn diwedd oes y Tuduriaid, roedd y rhyfeloedd wedi dylanwadu ar fasnach â Gwlad y Basg; a pheidio'n gyfan gwbl, mae'n debyg, a wnaeth y fasnach rhyngddi â Chymru erbyn dechrau'r ail ganrif ar bymtheg.

Bu i'r rhyfel a ddechreuodd rhwng y gwladwriaethau Sbaenaidd a Seisnig yn 1585 barhau am gyfnod maith. Un o ddigwyddiadau pwysicaf y rhyfel hwnnw oedd armada 1588, pan geisiodd Philip II ymosod ar Loegr. Dyma'r armada enwocaf ond dylid cofio i'r wladwriaeth Sbaenaidd baratoi mwy nag un armada yn ystod y rhyfel. Fel y byddem yn ei ddisgwyl, roedd nifer fawr o griwiau amryw armadau'r wladwriaeth Sbaenaidd yn Fasgiaid. Llongau pysgota morfilod y Basg a oedd wedi'u hawlio gan Philip II oedd nifer o'r llongau a oedd yn rhan o armada enwog 1588. Un o'r comanderiaid oedd Miguel de Oquendo y Dominguez de Segura – brodor o Donostia a ddechreuodd fel bugail cyn troi at y môr a dod yn adeiladwr llongau. Roedd comander arall, Martines de Recalde y Larrinaga, yntau'n adeiladwr llongau. Llwyddodd y ddau i ddychwelyd adref wedi'r armada, ond buont farw yn fuan wedyn.

Er i'r wladwriaeth Sbaenaidd adeiladu llynges newydd dinistriwyd cymaint o longau pysgota'r Basgiaid nes y chwalwyd pysgota'n bell o Gipuzkoa am dros ddegawd. Dechreuodd nifer o'r Basgiaid droi at dyfu grawn ŷd gyda chymaint o lwyddiant nes y bu cwynion bod prinder pysgotwyr yn y ganrif olynol. Roedd armada'r wladwriaeth Sbaenaidd felly wedi cael effaith andwyol ar weithgaredd pysgota'r Basgiaid.

### Gogledd Gwlad y Basg a'r wladwriaeth Ffrengig

Erbyn 1530 roedd yn amlwg i Siarl V na allai Castilia ddal ei gafael ar Nafarroa Beherea fel y gallai ar diroedd y Basgiaid i'r de o'r Pyreneau. I bob pwrpas ymarferol dod yn rhan o'r wladwriaeth Ffrengig fyddai tynged rhanbarthau gogledd Gwlad y Basg. Ond ni chefnodd y gogledd ar ei hunaniaeth Fasgiaid ac o'r herwydd daeth Llys Nafarroa Beherea yn enwog am ei oddefgarwch gwleidyddol, crefyddol a diwylliannol. Er y dylanwadau Ffrengig, roedd trigolion 90% o gartrefi tref Donibane-Lohizune â chyfenwau Basgaidd yn 1509. Tref Fasgaidd oedd hon felly ac yn sicr roedd sylfaen yma i barhad diwylliant a hunaniaeth y Basgiaid.

Bu goroesiad y diwylliant Basgaidd yng ngogledd y wlad yn ganlyniad i waith nifer o unigolion gweithgar. Un ohonynt oedd Joanes Leizarraga, offeiriad a gafodd dröedigaeth i Brotestaniaeth. Bu'n dadlau'n frwd dros ddiogelu hunaniaeth y Basgiaid a hynny'n seiliedig ar ail-sefydlu Nafarroa unedig, sofran. Bu'r Calfiniaid yng ngogledd Gwlad y Basg hefyd yn defnyddio'r Fasgeg. Yn 1545 cyhoeddwyd y llyfr cyntaf yn Euskara, sef casgliad o gerddi gan Bernat Etxepare, arwydd amlwg o'r ffyniant diwylliannol. Yn 1571 cyhoeddwyd y Testament Newydd yn iaith y Basg a hynny gan dîm, dan arweiniad Joanes Leizarraga, oedd yn cynnwys Catholigion. Roedd hwn yn gychwyn ymwybyddiaeth ieithyddol na ddatblygodd yn rhanbarthau deheuol Gwlad y Basg tan y ddeunawfed ganrif. Y rheswm syml dros hynny oedd mai lleiafrif oedd y Protestaniaid Basgaidd hyd yn oed yn y gogledd, felly cyfyng oedd eu dylanwad.

Ar y llaw arall, bu nifer o fonedd a chlerigwyr Basgaidd yn chwarae rhan allweddol yn y broses o sicrhau fod gogledd Gwlad y Basg yn cael ei chyfuno â choron Ffrainc. Roedd ail hanner yr unfed ganrif ar bymtheg yn gyfnod o ryfeloedd cartref, crefyddol yn bennaf, o fewn y wladwriaeth Ffrengig. Brenin olaf y rhyfeloedd oedd Henri IV. Brenin Henri III o Nafarroa ydoedd cyn hyn ond pan wnaethpwyd ef yn frenin ei deitl newydd oedd Brenin Ffrainc a Nafarroa. Ni cheisiodd integreiddio Nafarroa fel rhan o'r wladwriaeth fawr, felly cadwodd Nafarroa Beherea ei chyfansoddiad, ei chyfreithiau a'i llys ei hun. Bu brenhinoedd y gwladwriaethau Ffrengig a Sbaenaidd felly'n galw eu hunain yn 'Frenin Nafarroa' ond y gwirionedd oedd bod y naill yn rheoli gogledd Gwlad y Basg a'r llall y de.

## *Yr ail ganrif ar bymtheg*

Yn ystod yr ail ganrif ar bymtheg, wrth i rym y wladwriaeth Sbaenaidd ar y llwyfan rhyngwladol leihau, fe'i disodlwyd fel prif bŵer y cyfandir gan y wladwriaeth Ffrengig. Cafwyd sawl datblygiad difyr yn hanes Gwlad y Basg yn ystod y ganrif honno hefyd.

## *Yr ymosodiad ar ddewiniaeth*

Roedd Henri III o Nafarroa Beherea wedi llwyddo i ddod yn frenin Henri IV y wladwriaeth Ffrengig oherwydd y rhyfeloedd crefyddol rhwng y Protestaniaid a'r Pabyddion. Cytundeb yn ymwneud â chrefydd a ddaeth a'r rhyfeloedd i ben, sef Cyhoeddeb Nantes (1598) a sicrhaodd hawliau crefyddol a gwleidyddol yr Hiwgenotiaid, sef Protestaniaid y wladwriaeth Ffrengig. Ond nid oes oddefol mo hon.

Yn y blynyddoedd wedi 1600 cafwyd cyfres o erledigaethau yn erbyn dewiniaeth. Y prif gymeriad yn y frwydr hon yng ngogledd Gwlad y Basg oedd y barnwr Pierre de Lancre. Mae'n debyg ei fod o dras rannol Fasgaidd, ond ymddengys ei fod yn wirioneddol gasáu'r Basgiaid oherwydd eu hofergoeliaeth, eu mythau a'u meddyginiaethau gwlad. Credai fod y diafol ar droed yn gorfforol a bod holl boblogaeth Lapurdi yn ddewiniaid. Roedd o'r farn bod gweithgarwch yr Iesuwyr, oedd a'u gwreiddiau ymhlith y Basgiaid, yng ngwledydd pell y byd yn golygu fod ellyll wedi eu meddiannu cyn iddynt ddychwelyd i Lapurdi. Hefyd, credai fod tybaco wedi cael effaith ar eu gallu rhesymegol gan mai'r Basgiaid oedd y cyntaf yn Ewrop i dyfu tybaco.

Cychwynnodd yr Erledigaeth Fawr yn erbyn dewiniaid yn ne'r wladwriaeth Ffrengig tua'r flwyddyn 1600 a bu iddo barhau, i wahanol raddau, am ganrif a hanner. Erbyn 1609 credai de Lancre fod y 30,000 o siaradwyr iaith y Basg yn ardal Lapurdi yn ddewiniaid. Llwyddodd gweithgarwch de Lancre i godi arswyd drwy gefn gwlad gogledd Gwlad y Basg – nes y daeth y pysgotwyr penfras â'r cyfan i ben. Wrth bysgota yn Y Tir Newydd yn 1609 clywodd pysgotwyr penfras o Donibane-Lohizune si fod eu gwragedd, eu mamau a'u merched yn cael eu harteithio a'u lladd. Daethant adref ddeufis yn fuan. Wedi cyrraedd y dref aethant, gan gario pastynau, i ryddhau rhes o 'ddewiniaid' a oedd yn cael eu hebrwng i'w dienyddio. Daeth y treialon i ben, ond ni wyddys gwir nifer y rhai a ddienyddiwyd. Lladdwyd o leiaf 80, ond mae'n bosibl i gymaint â chwe chant gael eu dienyddio. Er i de Lancre gael ei orfodi gan yr awdurdodau i symud i Baiona, lle bu iddo ddechrau condemnio offeiriad Basgaidd, fe'i symudwyd yn derfynol yn ôl i Bordeaux a bu farw yn 1631. Ni chafodd ef ei roi ar brawf na'i gosbi am ei weithredoedd. Rhaid oedd disgwyl tan 1672 cyn i lywodraeth y wladwriaeth Ffrengig wahardd treialon dewiniaid.

### *Y Basgiaid yn brwydro yn erbyn canoli awdurdod*

Roedd yr unfed ganrif ar bymtheg hyd at y ddeunawfed ganrif yn gyfnod o ganoli awdurdod yn y wladwriaeth Ffrengig. I sicrhau cefnogaeth iddo'i hun roedd Henri III o Nafarroa Beherea wedi gorfod gwerthu tiroedd coron y wladwriaeth Ffrengig – gweithred a fu yn ergyd drom i'w incwm. Ei ateb oedd rhoi ei diroedd ei hun yn Nafarroa Beherea i'r goron. Dechreuodd ei olynydd, Louis XIII (1610-1643) a'i weinidog, y Cardinal Richelieu, gryfhau grym y goron, ac yn ystod teyrnasiad Louis XIV (1643-1715) daeth coron y wladwriaeth yn goron absoliwt. Roedd rhai bonheddwyr a gwŷr yr eglwys yng Ngwlad y Basg yn amlwg yn y broses o ganoli awdurdod. Un ohonynt

*Poster yn galw am annibyniaeth*          *Y dderwen yn Gernika*

*Dinas Bilbo*

*Donostia*

*Dathlu'r Pasg*

*Y Guggenheim yn Bilbo*

*Llu o gynnyrch lleol*

*Traeth Zarautz*

*Cofgolofn y fuero, Iruñea*

*Dathliadau ras y Korrika*

*Dawnsio Basgaidd traddodiadol*

*Cerflun gan Jorge Oteiza, Donostia*

*Pont Maria Cristina,*
*Donostia*

*Siop yn Donostia*

Plaza de la Virgen Blanca, Gasteiz

Cerflun o'r artist Fernando de
Amarica (1866-1956), Amgueddfa
y Celfyddydau Cain, Gasteiz

Y Catedral de la Maria Immaculada, Gasteiz

*Porthladd Ondarroa*

*Euskal Presoak:* Carcharorion Basg yn ôl i Wlad y Basg

oedd Bertrand de Echauz, a ddaeth yn ddiweddarach yn esgob Baiona ac yn gyfaill a chaplan i Louis XIII. Defnyddiodd ei ddylanwad i apelio ar i Louis XIII drawsfeddiannu Nafarroa Beherea i goron y wladwriaeth Ffrengig. Roedd elfen grefyddol i hyn – roedd Nafarroa Beherea wedi parhau'n gadarnle Hiwgenotaidd er i'r Babaeth roi ei chefnogaeth i Henri III o Nafarroa Beherea ar yr amod ei fod yn adfer Pabyddiaeth yno. Felly pan unwyd rhanbarth Béarn â Nafarroa Beherea yn 1620 roedd ar unwaith yn rhan o'r polisi o adfer Pabyddiaeth ac o ganoli awdurdod. Roedd hyn yn her i awdurdod yr Hiwgenotiaid ac i hawliau traddodiadol y Basgiaid. Cafwyd ymdrech i wrthsefyll a llwyddodd Nafarroa Beherea i gadw ei sefydliadau a'i chyfreithiau ei hun er yr 'uno'.

Yn wir, roedd gogledd Gwlad y Basg yn amlwg yn y frwydr yn erbyn canoli awdurdod. Cafwyd gwrthryfel yn erbyn trethi Louis XIV yn Lapurdi yn 1657 a chan ffermwyr Zuberoa yn 1661. Lladdwyd pob un o'r ffermwyr gan luoedd Louis XIV. Dienyddiwyd eu harweinydd, Bernard de Goyhenetxe ('Matalaz') yn 1661. Cafwyd gwrthryfel arall yn 1685 yn erbyn yr ymosodiad ar hawliau cyhoeddus. Gwelwyd patrwm cyffelyb yn ystod y ddeunawfed ganrif gyda merched yn chwarae rhan amlwg, gan arwain nifer o wrthryfeloedd yn erbyn awdurdod y goron. Ymhlith y gwrthryfeloedd hyn roedd rhai yn Baiona a Donibane-Garazi yn 1728.

Yn ogystal â brwydro yn erbyn canoli grym, roedd y Basgiaid hefyd yn ymdrechu i ddiogelu eu hunaniaeth. Un agwedd bwysig ar hyn oedd y traddodiad llenyddol newydd. Yn 1643, cyhoeddwyd *Gero*, casgliad o bregethau'r offeiriad plwyf Pedro de Agerre 'Axular'. Roedd yr awdur yn aelod o ysgol lenyddol Donibane-Sara a fu yn allweddol i ddiogelu dyfodol y Fasgeg fel iaith lenyddol.

Tra bu'r wladwriaeth Ffrengig yn llwyddiannus wrth

ganoli awdurdod, roedd yr hanes yn wahanol iawn yn y wladwriaeth Sbaenaidd. Gyda Chastilia yn cael trafferthion i gadw ei grym ar y llwyfan rhyngwladol cafwyd ymgais gynyddol ganddi i sicrhau y byddai holl genhedloedd o fewn y wladwriaeth Sbaenaidd yn cyfrannu i'w hymdrechion. O ganlyniad i ymdrech Olivares, prif weinidog Castilia, i gyflwyno treth ar halen, cafwyd gwrthryfel yn ne Gwlad y Basg yn 1631-32. Datblygodd i fod yn ymgais i amddiffyn hawliau'r Basgiaid yn erbyn rheolaeth Castilia.

Yn 1700 daeth llinach Habsbwrgaidd Sbaen i ben gyda marwolaeth Siarl II. Llwyddodd Louis XIV o'r wladwriaeth Ffrengig i sicrhau fod ei ŵyr, sef Philip V, yn dod yn frenin ar y wladwriaeth Sbaenaidd. Canlyniad hyn oedd Rhyfel Olyniaeth Sbaen (1702-13/14). Philip V a drechodd a cheisiodd ganoli awdurdod dros ei holl diroedd o fewn Gorynys Iberia. Collodd Catalunya, Aragón a Valencia eu hawliau annibynnol, a hynny oherwydd iddynt ymladd yn ei erbyn yn ystod y rhyfel, ond roedd de Gwlad y Basg wedi ei gefnogi ac, o ganlyniad, mewn cyfnod tyngedfennol yn natblygiad y wladwriaeth Sbaenaidd llwyddodd y Basgiaid i gadw eu *fueros*.

### Yr economi a chymdeithas

Un agwedd bwysig ar hanes economaidd y wladwriaeth Sbaenaidd yn yr ail ganrif ar bymtheg oedd ei dirywiad sydyn o gymharu ag oes aur yr unfed ganrif ar bymtheg. Adlewyrchwyd y dirywiad hwnnw yn ei chymdeithas hefyd. Erbyn diwedd yr ail ganrif ar bymtheg roedd llai o bobl yn byw yn y wladwriaeth Sbaenaidd nag ar ddechrau'r ganrif. Roedd nifer o resymau dros hynny ac roeddynt yn amrywio ar hyd a lled yr orynys. Nid oedd de Gwlad y Basg, er enghraifft, yn dioddef o'r plâu mawr ond roedd economi cyntefig y wlad yn golygu bod llawer o'r ieuenctid yn gadael y wlad. Er hynny, ymddengys mai aros yn ei unfan oedd poblogaeth de Gwlad y Basg yn ystod y cyfnod hwn.

Bu dirywiad amlwg yn niwydiant haearn Bizkaia a Gipuzkoa. Yn ystod yr unfed ganrif ar bymtheg roedd yn y rhanbarthau hynny 300 o weithfeydd haearn gyda dwy ran o dair o'r cynnyrch yn nwyddau gorffenedig. Ond cymaint fu'r dirywiad erbyn yr ail ganrif ar bymtheg nes bu'n rhaid mewnforio cynnyrch haearn a dur gorffenedig o wledydd eraill yn 1619. Erbyn canol y ganrif ychydig o arfau a gynhyrchid yn Bizkaia.

Yr un oedd hanes y diwydiant adeiladu llongau, ond i raddau llai. Er iddynt ddibynnu llawer ar fewnforio o'r Baltig, coed yn arbennig, nid oedd gelynion y wladwriaeth Sbaenaidd wedi llwyddo i atal y cyflenwadau hynny. Yn Bilbo yn 1630 adroddwyd fod 40 galiwn, nifer ohonynt tua 300 - 400 tunnell, wedi eu hadeiladu yn iardiau llongau'r dref yn yr ugain mlynedd flaenorol. Yn 1640 cafodd pedair llong fawr eu hadeiladu yno, a deg yn 1662. Rhwng 1677 ac 1679 adeiladwyd pum llong yn amryw iardiau Gipuzkoa. Felly er bod y diwydiant adeiladu llongau yn parhau yn weithgar yng Ngwlad y Basg roedd yn sicr yn dirywio.

Roedd nifer o resymau dros hynny. Yn y lle cyntaf, roedd dirwasgiad yn y fasnach ag India'r Gorllewin yn golygu llai o fuddsoddi mewn llongau. Yn ail, roedd y diwydiant yn dibynnu'n ormodol ar fewnforio darnau allweddol, megis mastiau a hwyliau. Yn drydydd, roedd y Basgiaid wedi methu datblygu'n dechnolegol ac roedd gwledydd eraill wrthi'n achub y blaen arnynt. Oherwydd i nifer o longau gael eu suddo, collwyd ffydd yn llongau'r Basgiaid wrth i wledydd tramor fynnu llongau o wledydd eraill. Canlyniad hyn oll oedd mai llai na thraean y llongau a oedd yn hwylio ar draws Fôr yr Iwerydd yn ystod hanner cyntaf yr ail ganrif ar bymtheg a adeiladwyd gan y Basgiaid.

Parhau oedd y galw am sgiliau pysgota morfilod y

Basgiaid, ond arweiniodd hynny hefyd yn ei dro at ddirywiad. Ar ddechrau'r ail ganrif ar bymtheg cytunodd y wladwriaeth Sbaenaidd i adael i Fasgiaid fynd i'r wladwriaeth Seisnig i sefydlu'r fflyd pysgota morfilod cyntaf yn hanes y wladwriaeth honno. Wrth i'r Iseldiroedd ddatblygu'n rym morwrol yn ystod y cyfnod hwn recriwtiwyd Basgiaid ganddi hithau hefyd. Roedd y canlyniad yn anochel: o fewn dim roedd gwledydd eraill wedi chwalu monopoli pysgota morfilod y Basgiaid. Yn 1713 ac 1714 cafwyd ergyd arall i longau'r Basgiaid a oedd yn pysgota yn bell o gartref. Cytundebau rhwng y gwledydd mawrion oedd Cytundeb Utrecht (1713) a Chytundeb Rastatt. Cadwodd Philip V reolaeth dros y wladwriaeth Sbaenaidd a'i threfedigaethau yn America ond collodd llawer o diroedd eraill, yn yr Eidal er enghraifft. Yn arwyddocaol, collwyd nifer o hawliau masnachol yn America. Roedd gan y rhai a oedd yn pysgota o borthladdoedd y wladwriaeth Ffrengig ryw ychydig o hawliau pysgota ond colli pob hawl oedd hanes y rhai o fewn ffiniau'r wladwriaeth Sbaenaidd. Yn awr rhaid oedd i'r Basgiaid ganolbwyntio ar bysgota ym Môr Iago Llwyd. Roedd yr oes aur ar ben. Gwelwyd hyn yn nhref Zarautz yn Gipuzkoa, un o'r prif drefi pysgota morfilod. Rhwng 1637 ac 1801 ychydig dros hanner cant o forfilod a laniwyd yno o Fôr Iago Llwyd. Cadarnhawyd y dirywiad hwn yn 1785 pan geisiodd llywodraeth y wladwriaeth Sbaenaidd ffurfio cwmni pysgota morfilod – ni allent ddarganfod yr un harpwnydd o Wlad y Basg!

Ond nid dirywiad yn unig oedd hanes y cyfnod hwn. Yn 1728 sefydlwyd cwmni gan nifer o wŷr cyfoethog yn Gipuzkoa i gystadlu yn erbyn monopoli'r Iseldiroedd am y fasnach goco yn Venezuela, un o drefedigaethau'r wladwriaeth Sbaenaidd. Cafwyd dwy flynedd o drafferthion ond wedi i'r llongau cyntaf gael eu hanfon yno yn 1730

ffynnu wnaeth y cwmni. Wrth gwrs, gan nad oedd Gwlad y
Basg o fewn ffiniau tollau'r wladwriaeth Sbaenaidd gallai
weithredu fel rhanbarth rhydd ar gyfer masnachu â gweddill
Ewrop. O ganlyniad i'r datblygiadau hyn gwelwyd ffyniant
aruthrol ym mhorthladdoedd Donostia a Pasaia ac roedd
gan gwmni'r Real Compañía Guipuzcoana de Caracas fflyd
o 48 o longau. Cymaint fu eu llwyddiant nes y cafwyd
cwymp anhygoel ym mhris siocled – cwymp a arweiniodd at
ehangu'r farchnad a sicrhau fod mwy o bobl yn gallu ei
fforddio. Ehangwyd masnach y cwmni i gynnwys lledr, coffi,
tybaco a thyrcwn!

Roeddynt hefyd yn allforio nwyddau i drefedigaethau'r
wladwriaeth Sbaenaidd a cheisiodd y cwmni lynu at yr
egwyddor nad oedd yr un llong i fod yn wag ar y ffordd allan
nac wrth ddychwelyd. Roedd gweddill Gwlad y Basg hefyd
yn manteisio ar weithgaredd y cwmni, ynghyd â gweddill y
wladwriaeth Sbaenaidd. Felly, er enghraifft, roedd y cwmni
yn allforio nwyddau cemegol a sardîns o Gipuzkoa, gwin o
Nafarroa, sidan o Valencia a thecstilau o Gatalunya. Er i'r
cwmni symud ei bencadlys i ddinas Madrid nid oedd y
cwmni yn un Sbaenaidd o ran gweledigaeth. Yn hytrach,
cwmni rhyngwladol ydoedd yn gweithredu ar hyd a lled
Ewrop a thu hwnt. Nid oedd hynny'n golygu llwyddiant bob
tro. Methiant oedd eu hymgais i dorri monopoli'r pwerau
Ewropeaidd dros y fasnach gaethweision yn y Caribî, er
enghraifft. Methiant hefyd fu ymgais y cwmni i adfer pysgota
morfilod.

Ond os mai hon oedd yr oes gyfalafol newydd, a'r
Basgiaid ar y blaen, yna roedd annhegwch y system gyfalafol
yn llawn mor amlwg. Felly, er i'r cwmni lwyddo'n ariannol a
dod a ffyniant i Caracas, roedd ymelwad ar hyd a lled
Venezuela yn rhan o'r llwyddiant hwnnw. Y canlyniad fu
gwrthdystiadau treisgar yn erbyn y cwmni yn Caracas yn
1749. Llwyddwyd i dawelu'r dyfroedd pan gytunodd y

cwmni i dalu mwy i'r cynhyrchwyr. Fodd bynnag, roedd y drwgdeimlad yn adlewyrchu'r hyn a oedd ar droed yn holl drefedigaethau'r wladwriaeth Sbaenaidd yn America. Ni ddylai ein synnu felly i Simon Bolivar, *el Libertador*, tad annibyniaeth de America, gael ei eni yn Caracas yn 1783, a hynny i deulu o Bizkaia a wnaeth eu ffortiwn yn ne America!

Llwyddodd Gwlad y Basg i gadw ei hunaniaeth a'i diwylliant, a hynny pan oedd twf y gwladwriaethau sofran yn bygwth ei bodolaeth. Llwyddodd i oroesi hefyd mewn cyfnod pan fu i nifer o ddatblygiadau economaidd, cymdeithasol a chrefyddol ei bygwth. Ond roedd cyfnod o chwyldroadau ar droed a fyddai, unwaith yn rhagor, yn bygwth dyfodol y Basgiaid.

# III
# Cyfnod y Chwyldroadau

## Y Chwyldro Ffrengig

Arweiniodd y Chwyldro Ffrengig at newidiadau radical ym mhob agwedd ar fywyd y wladwriaeth honno. Er mwyn sicrhau llwyddiant y chwyldro aeth y Cynulliad Cenedlaethol ati i ad-drefnu'r system o lywodraethu a chanoli grym ym Mharis. Er i'r rhanbarthau Basgaidd lwyddo i gadw eu hunaniaeth a'u *fueros* (*Fors* yn Ffrangeg) un o gamau cyntaf y Cynulliad Cenedlaethol oedd dileu'r tri rhanbarth Basgaidd, sef Zuberoa, Lapurdi a Nafarroa Beherea drwy rym arfau. Yn 1790 unwyd y tri rhanbarth gyda Béarn, o fewn un *Département de Basses Pyrénées*. Y bwriad oedd chwalu'r amryw grwpiau ethnig er mwyn sicrhau ymdeimlad 'Ffrengig' ymhlith y bobl. Ymosodwyd ar bob agwedd ar fywyd, traddodiadau a hawliau'r Basgiaid. Yn awr roedd disgwyl iddynt dalu trethi'n uniongyrchol i lywodraeth Paris, yn hytrach nac i'w gweinyddiad lleol. Disgwylid iddynt wasanaethu yn llu arfog y wladwriaeth Ffrengig, yn hytrach nac amddiffyn eu rhanbarth eu hunain yn unig. Yn arwyddocaol, ceisiodd y llywodraeth ganolog ddileu enwau lleoedd yn iaith y Basg. Wedi i Napoleon Bonaparte ddod i rym yn 1799 sefydlwyd system addysg orfodol i bawb. Iaith addysg fyddai Ffrangeg yn unig, cam a oedd yn fygythiad i oroesiad iaith y Basg.

Wedi'r chwyldro roedd grym gwleidyddol gogledd Gwlad y Basg yn nwylo lleiafrif bach o bendefigion, tirfeddianwyr a masnachwyr. Nid oeddynt yn meddu ar y gallu i sicrhau datblygu diwydiant a masnach fel y digwyddodd yn ne Gwlad y Basg yn ystod y bedwaredd ganrif ar bymtheg. O ganlyniad i dlodi a diffyg datblygiad cafwyd ymfudo enfawr o ogledd Gwlad y Basg i Bordeaux, Paris ac i'r Unol Daleithiau. Yn 1836 galwodd siambr fasnach Baiona ar y goron i greu *Département* ar gyfer gogledd Gwlad y Basg ar sail economaidd, gan ddadlau nad oedd gan y Basgiaid unrhyw beth yn gyffredin â Béarn. Ond ni chafwyd unrhyw ymateb gan y llywodraeth ganolog.

Ni allai de Gwlad y Basg ddianc rhag effeithiau'r Chwyldro Ffrengig. Yn 1793 datganwyd bod y wladwriaeth Ffrengig yn weriniaeth a dienyddiwyd y brenin, Louis XVI. Ymateb llywodraeth y wladwriaeth Sbaenaidd oedd anfon milwyr at y ffin â'r wladwriaeth Ffrengig yng Ngwlad y Basg. O ganlyniad, roedd sefyllfa'r Basgiaid yn fregus iawn. Tynged nifer oedd cael eu carcharu yn yr eglwysi. Yn 1794, dan orchymyn Cynulliad y wladwriaeth Ffrengig, cafodd 4,000 o Fasgiaid eu halltudio o Lapurdi oherwydd iddynt wrthod ymladd yn erbyn eu brodyr yn ne Gwlad y Basg. Heb boeni am oed na rhyw, alltudiwyd trigolion nifer o bentrefi gogledd Gwlad y Basg. Bu farw dros hanner y rhai a alltudiwyd oherwydd newyn ac afiechydon, a daeth y goroeswyr gartref i weld bod eu cartrefi wedi eu hysbeilio.

Er bod Basgiaid y gogledd yn gwrthod ymladd yn erbyn eu brodyr yn ne Gwlad y Basg llwyddodd lluoedd y wladwriaeth Ffrengig i feddiannu tiroedd y Basgiaid i'r de o'r Pyreneau. Cwympodd Hondarribia yn syth ac ildiodd Donostia heb ymladd. Un rheswm dros hyn oedd bod nifer o aelodau'r dosbarth masnachol wedi eu hysbrydoli gan yr hyn oedd yn digwydd yn y wladwriaeth Ffrengig. Anfonodd rhanbarth Gipuzkoa ddirprwyaeth i Gynulliad y wladwriaeth Ffrengig gan ofyn am i'r rhanbarth gael ei annibyniaeth fel y bu yn y flwyddyn 1200. Yn amlwg nid oedd arweinwyr Gipuzkoa wedi cymryd sylw o dynged y tri rhanbarth Basgaidd a oedd eisoes yn nwylo'r wladwriaeth Ffrengig. Collodd Gipuzkoa ei holl hawliau traddodiadol ac fe'i rheolwyd gan feddiannaeth filwrol y wladwriaeth Ffrengig. Erbyn hyn roedd Gwlad y Basg gyfan bron yn nwylo'r lluoedd Ffrengig a'r unig le i wrthsefyll yn llwyddiannus oedd ardal Orreaga.

Yng Nghytundeb Basle, 1795, dychwelwyd de Gwlad y Basg i ddwylo'r wladwriaeth Sbaenaidd, ond roedd llywodraeth Madrid yn beio'r Basgiaid am eu methiant i wrthsefyll milwyr y wladwriaeth Ffrengig. Dechreuodd nifer yng Nghastilia gwestiynu gwerth cadw'r *fueros*. Y nod yn y pen draw fyddai canoli grym ym Madrid.

## Y frwydr rhwng yr hen a'r newydd

Yng nghanol y rhyfel rhwng y gwladwriaethau Sbaenaidd a Ffrengig canfu'r Basgiaid eu hunain yn rhanedig rhwng y ddwy wladwriaeth. Ond roedd rhaniadau eraill yn prysur ddatblygu o fewn cymdeithas y Basgiaid. Yn syml, roedd brwydr yn datblygu rhwng gwlad a thref, gyda'r wlad am amddiffyn ei ffordd draddodiadol o fyw a'r trefi am symud ymlaen i'r byd modern.

Fe welwyd eisoes nad oedd gan Wlad y Basg ddigonedd o diroedd ffrwythlon. Y drefn arferol yng nghefn gwlad felly oedd plotiau bychain o dir. Er nad ellid gwadu safon y cynnyrch roedd mwyafrif llethol ei ffermwyr yn dlawd iawn; ond roedd rhai ffermwyr cyfoethog hefyd. Roedd y rhain, y *jauntxo*, wedi datblygu o ganlyniad i fuddsoddi ac amaethu yn ystod y ddwy ganrif wedi i'r wladwriaeth Sbaenaidd gyrraedd America; ond erbyn y ddeunawfed ganrif roedd prisiau cynnyrch amaethyddol wedi gostwng yn sylweddol. Er mwyn diogelu eu helw manteisiodd y *jauntxo* ar y ffermwyr llai. Er bod y chwyldro diwydiannol wedi cychwyn ar Orynys Iberia yng Ngwlad y Basg, nid oedd diwydiant na chyfoeth y dosbarth masnachol yn cyrraedd cefn gwlad. Pan gafwyd ymdrech i newid y sefyllfa gan un o'r *jauntxo* dangoswyd pa mor fregus oedd sefyllfa Gwlad y Basg yn y byd newydd oedd yn prysur ddatblygu.

Yn 1801 y bu'r cais arbennig hwnnw gan y *jauntxo* Simón Bernardo de Zamácola. Roedd ef am dorri monopoli masnachwyr Bilbo dros borthladd Bilbo drwy agor porthladd newydd. Cefnogwyd Zamácola gan lywodraeth Gwlad y Basg, a oedd yn cyfarfod yn Gernika. Yna gofynnodd am ganiatâd y wladwriaeth Sbaenaidd. Gwelodd y llywodraeth ganolog ei chyfle. Yr ateb oedd datgan y byddent yn fwy na pharod i gytuno i gais Zamácola, ar yr amod y byddai'n rhaid i'r Basgiaid gytuno i gyflawni gwasanaeth milwrol i'r wladwriaeth Sbaenaidd. Canlyniad hyn yn 1804 oedd y Zamacolada, sef rhyfel yn Bilbo. Bu'r ddinas dan warchae milwyr y wladwriaeth Sbaenaidd am bron i dair blynedd, hyd nes y cafwyd rhyfel arall llawer mwy eang.

### Gwlad y Basg a Rhyfel Annibyniaeth Sbaen 1808-1814

O dan arweinyddiaeth Napoleon Bonaparte daeth grym milwrol y wladwriaeth Ffrengig yn amlwg i Ewrop gyfan. Rhwng 1805 ac 1807 cafodd lwyddiant ar ôl llwyddiant. O ganlyniad, gorfodwyd pwerau mawr Ewrop i uno i'w wrthwynebu.

Yn Chwefror 1808 ymddangosodd un o fyddinoedd Naploeon Bonaparte yn Nafarroa. Ym Mawrth ymddiswyddodd brenin y wladwriaeth Sbaenaidd, Siarl IV, a daeth ei fab, Fferdinand VII, yn frenin yn ei le. Er ei fod yn fwy na pharod i arwain llywodraeth wasaidd gorfodwyd ef i ildio'r goron a daeth Joseph Bonaparte, brawd Napoleon yn bennaeth ar y wladwriaeth Sbaenaidd. Ar 2 Mai, 1808 gwrthryfelodd trigolion Madrid yn erbyn lluoedd y wladwriaeth Ffrengig. Dyma gychwyn Rhyfel Annibyniaeth 'Sbaen' gyda gwladwriaethau Portiwgal a Phrydain yn brwydro yn erbyn Napoleon. Yn ei hanfod rhyfel oedd hwn i sicrhau na fyddai'r wladwriaeth Sbaenaidd yn dod yn rhan o ymerodraeth enfawr Napoleon.

Yng Ngwlad y Basg bu'n rhaid i luoedd Napoleon geisio ymdopi â thactegau gerila'r Basgiaid. Cymaint fu eu llwyddiant nes y gorfodwyd ef i ail-ystyried ei strategaeth. Cynt bu'n ymosod arnynt ac yn ceisio cyfyngu ar eu hawliau traddodiadol. Yn awr datganodd y byddai'n cyflwyno cyfansoddiad i'r wladwriaeth Sbaenaidd gyda Gwlad y Basg yn cadw ei *fueros* (er y dylid nodi iddo ddatgan y byddai'n adolygu'r sefyllfa maes o law). Ond nid oedd ei syniadau'n tycio yn Nafarroa o gwbl. Yno bu i'r frwydr gerila barhau a hynny'n hynod o lwyddiannus. Ymateb lluoedd Napoleon yno oedd dienyddio trigolion Iruñea wedi pob llwyddiant gan 'filwyr' Nafarroa. Erbyn 1813 roedd lluoedd Napoleon yn cael eu trechu ym mhobman ar Orynys Iberia. Ni ildiodd ei filwyr yn Iruñea tan ddiwedd gwarchae pedwar mis pryd y collwyd bron i ddwy fil a hanner o ddynion.

Y cam nesaf yn hanes Gwlad y Basg a'r wladwriaeth Sbaenaidd oedd trechu Napoleon. Efallai iddo golli'r rhyfel ond roedd ei syniadau am wladwriaeth gyda llywodraeth ganolog gref a chyfansoddiad ysgrifenedig yn apelio at nifer o fewn y wladwriaeth Sbaenaidd. Credai grŵp o radicaliaid Sbaenaidd, a alwai eu hunain yn 'Ryddfrydwyr', mai'r ateb i broblemau'r wladwriaeth Sbaenaidd oedd efelychu'r wladwriaeth Ffrengig. Roedd eu hagwedd tuag at y cenhedloedd o fewn y wladwriaeth Sbaenaidd hefyd yn debyg i agwedd y wladwriaeth Ffrengig. Nid oedd lle mewn gwladwriaeth fodern i genhedloedd bychain. Pan gyflwynodd y 'Rhyddfrydwyr' gyfansoddiad yn 1812 cymerodd Francisco Espoz y Mina, cyn-arweinydd milwrol yn Nafarroa ac arwr y rhyfel yn erbyn Napoleon, gopi o'r cyfansoddiad, ei osod ar gadair a gorchymyn iddo gael ei saethu! Roedd rhyfel cartref ar y gorwel.

## Y cefndir i ryfeloedd y bedwaredd ganrif ar bymtheg

Roedd rhyfel cartref y wladwriaeth Sbaenaidd yn ganlyniad i wrthdaro ar sawl lefel: rhwng elfennau ceidwadol a rhyddfrydol; rhwng yr Eglwys a'r grymoedd seciwlar a rhwng gwlad a thref. I'r Basgiaid, fodd bynnag, roedd y frwydr rhwng cadw'r *fueros* neu ganoli grym ar Fadrid. Yn ôl Luis Núñez Astrain hyn sy'n esbonio cryfder a ffyrnigrwydd y gefnogaeth i'r lluoedd gwrth-Ryddfrydol yng Ngwlad y Basg o'i gymharu â rhannau eraill o'r wladwriaeth Sbaenaidd.

Cafwyd y rhyfel cyntaf, y Rhyfel Brenhinol, rhwng 1820 ac 1823, gyda'r ymladd yn amlwg yn Nafarroa a Chatalunya'n unig. Ond math o ragbaratoad oedd hwn mewn gwirionedd ar gyfer rhyfel llawer mwy ffyrnig ac arwyddocaol i Wlad y Basg.

Y sbardun i'r Rhyfel Carlaidd cyntaf, fel y'i gelwid, oedd marwolaeth Fferdinand VII yn 1833. Roedd dau ymgeisydd posibl i'r goron. Ar y naill law roedd ei ferch deirblwydd oed, Isabella, gyda'i weddw María Cristina yn rhaglyw. Ar y llaw arall roedd Carlos, brawd ieuengaf y cyn-frenin – ond nid brwydr rhwng personoliaethau oedd hon. Yr egwyddor a yrrai'r ddwy ochr oedd sut fath o frenhiniaeth ddylai fod gan y wladwriaeth Sbaenaidd. Pe bai Isabella'n ennill yna byddai'r goron yn rhyddfrydol, yn wrth-eglwysig ac yn efelychu'r wladwriaeth Ffrengig. Byddai buddugoliaeth i Carlos yn golygu brenhiniaeth absoliwt. Fe wrthwynebai rhoi'r bleidlais i bawb, er enghraifft, oherwydd y byddai'n gwanhau safle'r tirfeddianwyr. Roedd hefyd am ddiogelu'r Eglwys Babyddol ac roedd yn elyniaethus i'r seiri rhyddion.

Y rhai a gefnogai Carlos yng Ngwlad y Basg oedd y clerigwyr, yr aristocratiaid a'r werin bobl. Llwyddodd yr offeiriaid i ddarbwyllo'r bobl fod yma grwsâd crefyddol. Roedd gan yr offeiriaid ddylanwad mawr – roeddynt yn

*Y beret traddodiadol*

ddynion lleol eu hunain ac yn clywed cyffesiadau yn iaith y Basg. Yn eu gwrthwynebu roedd cefnogwyr Isabella, sef y dosbarth canol trefol, swyddogion y fyddin a'r dosbarth masnachol. O'r herwydd, tra bod cefn gwlad i gyd bron yn cefnogi Carlos roedd canolfannau trefol amlwg megis Donostia ac Iruñea yn cefnogi Isabella.  Yn ystod Rhyfel y Carliaid daeth y beret coch yn un o symbolau amlwg y genedl, yn seiliedig ar feret coch yr Iesuwyr mae'n debyg. Daeth hefyd yn symbol i'r chwith gwleidyddol o'r werin yn brwydro yn erbyn awdurdod. Hyd heddiw mae'r beret – mewn coch, du neu las – yn un o symbolau amlwg Gwlad y Basg.

## *Y Rhyfel Carlaidd cyntaf (1833-1839)*

Er mai rhyfel o fewn y wladwriaeth Sbaenaidd ydoedd, i bob pwrpas Gwlad y Basg oedd y canolbwynt. Yno bu'r rhyfel cyntaf ar ffurf gwrthryfel poblogaidd dros hawliau traddodiadol ac yn erbyn y broses o ganoli grym. Ond roedd dimensiwn rhyngwladol i'r rhyfel hefyd yn seiliedig ar yr egwyddor o naill ai gefnogi neu wrthwynebu brenhiniaeth absoliwt. Bu'r wladwriaeth Brydeinig a'r wladwriaeth Ffrengig yn cefnogi'r rhyddfrydwyr tra bu yYmerodraeth Rwsia, Prwsia ac Ymerodraeth Awstria yn cefnogi Carlos.

Cefn gwlad de Gwlad y Basg oedd cadarnle achos Carlos. Drwy gydol y blynyddoedd hyn bu cefnogwyr Carlos yno yn trefnu a rhedeg eu gwladwriaeth eu hunain i bob pwrpas, gyda'i llywodraeth ganolog ei hun, ei system gyfreithiol ei hun a'i gweinyddiaeth ei hun; ac yn deyrngar i Carlos. Yn arwyddocaol iawn yr ardaloedd yn eu meddiant oedd yr ardaloedd Euskara eu hiaith. Mewn gwirionedd, byddin o werinwyr gwirfoddol o'r pedwar rhanbarth deheuol oedd byddin Carlos; byddin a oedd yn cael ei hadnabod fel 'byddin Basg-Nafarroa'. Cawsant anogaeth o ogledd Gwlad y Basg hefyd gyda'r llenor Agosti Xaho yn cyhoeddi traethodau'n cefnogi'r mudiad.

I nifer o haneswyr milwrol prif gryfder y fyddin oedd ei thactegau gerila. Llawn bwysiced i Carlos oedd i'r rhyfel weld ymddangosiad cadfridog medrus efo'r gallu i chwalu'r gelyn. Ei enw oedd Tomás Zumalacárregui o ranbarth Gipuzkoa. Nid yn unig yr oedd yn filwr a thactegwr effeithiol, roedd hefyd yn arf propaganda effeithiol. Roedd yn ifanc, yn olygus, yn gwisgo'r beret coch a bu hynny, a'i lwyddiannau ar faes y gad, yn ddigon i'w wneud yn gymeriad rhamantus ar hyd a lled Ewrop. Roedd yn dactegydd heb ei ail ac roedd ei fyddin yn hollol ymroddedig, yn ddisgybledig ac yn ffyddlon. Roedd ei dactegau gerila yn effeithiol iawn ac yn digalonni milwyr y wladwriaeth Brydeinig a frwydrai yn ei erbyn, ond roedd gan fyddin Zumalacárregui y gallu i ymladd yn agored hefyd. O ganlyniad cwympodd tref ar ôl tref iddo, gan gynnwys Gernika. Roedd Carlos yn awyddus i gipio Bilbo gan nad oedd ganddo borthladd yn ei feddiant. Credai Zumalacárregui mai camgymeriad fyddai hynny ond roedd yn ufudd i Carlos. Methiant fu gwarchae Bilbo yn 1835 a bu Zumalacárregui farw. Roedd hyn y sicr yn ergyd i ymdrechion Carlos i reoli'r wladwriaeth Sbaenaidd.

Ergyd arall oedd agwedd ei filwyr Basgaidd. Yn draddodiadol, amddiffyn eu tiroedd eu hunain oedd eu blaenoriaeth, nid ennill tiroedd newydd; ond os oedd Carlos i ennill grym yna rhaid oedd i'r Basgiaid fod yn barod i ymladd ym mhob rhan o'r wladwriaeth Sbaenaidd. Erbyn hyn roedd y rhyfel o fewn Gwlad y Basg yn arbennig o ffiaidd gyda byddinoedd y ddwy ochr yn euog o droseddau difrifol yn erbyn y werin bobl.

Yng nghanol hyn i gyd cafwyd syniad chwyldroadol. Yn 1837 awgrymodd José Antonio Muñagorri, llenor a oedd erbyn hyn yn gadfridog, y dylai'r Basgiaid ymatal rhag ymladd yn erbyn ei gilydd. Yn hytrach, dylai'r Basgiaid gefnu ar Carlos a chyrraedd cytundeb â Madrid a fyddai'n sicrhau parchu rheolaeth y *fueros* yng Ngwlad y Basg. Anwybyddwyd ef. Ddwy flynedd yn ddiweddarach, daeth yr ymladd i ben a chefnogwyr Carlos wedi eu trechu.

Llwyddodd Cytundeb Bergara yn 1839 i roi diwedd ar y rhyfel, a chefnogwyd y ddogfen gan y pwerau rhyngwladol. Ar eu rhan hwy roedd y Basgiaid i ildio'u harfau a hel eu milwyr adref. Roedd y llywodraeth ganolog ym Madrid yn ei thro i ddiogelu *fueros* Gwlad y Basg. Er hynny ymateb rhai miloedd o'r Basgiaid, yn hytrach na derbyn y cytundeb, oedd gadael rhanbarthau'r de a cheisio bywyd newydd yn rhywle arall, gan gynnwys gogledd Gwlad y Basg ac

America. Yn 1845 dechreuodd yr ymfudo mawr o Wlad y Basg i Dde America.

Ond bu llywodraeth Madrid yn gyfrwys, gan bwysleisio bod y *fueros* yn cael eu cadarnhau ond iddynt beidio â bod yn fygythiad i undod y goron. Ni arwyddodd Nafarroa y cytundeb ond cytunodd Araba, Bizkaia a Gipuzkoa. Yno roedd rhwyg rhwng y Basgiaid traddodiadol yng nghefn gwlad a'r rhyddfrydwyr yn Bilbo a Donostia.

## Yr Ail Ryfel Carlaidd (1872-1876)

Y Basgiaid hynny a bryderai am ddyfodol eu hawliau oedd yn iawn, wrth i lywodraeth ganolog y wladwriaeth Sbaenaidd barhau â'r broses o ganoli grym ym Madrid. Erbyn 1837 roedd pob un rhanbarth o fewn Gwlad y Basg yn cael ei rheoli gan gorff deddfu rhanbarthol. Yn 1841, gyda charfan ryddfrydol fwy eithafol o blaid cynyddu grym llywodraeth Madrid yn rheoli'r frenhines ifanc Isabella II, ymosodwyd ymhellach ar y *fueros*. Yn ôl deddf yn 1841 collodd Nafarroa ei statws fel brenhiniaeth o fewn y wladwriaeth Sbaenaidd. Daeth yn rhan o ardal dollau'r wladwriaeth gyda'r llywodraeth ranbarthol â rheolaeth dros faterion mewnol yn unig. Gwelwyd nifer o wrthdystiadau difrifol yn Nafarroa o ganlyniad, ond llwyddodd y tri rhanbarth arall i osgoi hyn am chwarter canrif arall a chadw rhan helaeth o'u hawdurdod yn seiliedig ar y *fueros*.

Wrth i'r rhyddfrydwyr ymosod ymhellach ar yr eglwys ac ar hawliau'r rhanbarthau cynyddodd dicter yn erbyn llywodraeth ganolog y wladwriaeth Sbaenaidd ymhlith y Basgiaid. Ateb y llywodraeth oedd sefydlu heddlu cenedlaethol i gadw trefn. Bu gweithgareddau'r heddlu hwnnw, y *Guardia Civil*, o'i gychwyn hyd heddiw, yn achos gwrthdaro mawr o fewn Gwlad y Basg.

Yn 1872 gwrthryfelodd y Basgiaid Carlaidd a'r canlyniad

oedd rhyfel arall, a oedd i barhau hyd 1876. Unwaith eto, nodwedd amlwg y rhyfel oedd i'r ardaloedd Euskara eu hiaith fod yn ganolbwynt y frwydr. Sefydlodd y Carliaid eu gwladwriaeth eu hunain yn y tiroedd o fewn Gwlad y Basg a oedd yn eu meddiant gan goroni Carlos yn frenin y Basgiaid. Ef oedd ŵyr y Carlos a frwydrodd yn y Rhyfel Carlaidd Cyntaf. Unwaith yn rhagor roedd gan y Carliaid system weinyddol eu hunain, eu harian bath eu hunain a'u cyfraith eu hunain: y *fueros*. Canolfannau'r weinyddiaeth hon oedd trefi Lizarra, Bergara a Durango gyda phrifysgol yn Oñati.

Colli fu hanes y Carliaid unwaith yn rhagor a dilëwyd yr hyn a oedd yn weddill o *fueros* Araba, Bizkaia a Gipuzkoa yn syth. Rŵan ni fyddai gan y Basgiaid yr hawl i reoli eu materion ariannol eu hunain, byddai'n rhaid iddynt dalu trethi i'r wladwriaeth Sbaenaidd a gwasanaethu yn ei lluoedd arfog. Ond nid hyn oedd yr unig berygl i hunaniaeth y Basgiaid yn y bedwaredd ganrif ar bymtheg.

## Y Chwyldro Diwydiannol

Roedd economi de Gwlad y Basg wedi elwa dros y canrifoedd o fod y tu allan i ardal tollau'r wladwriaeth Sbaenaidd, ond wrth i'r wladwriaeth Sbaenaidd wynebu mwy a mwy o wrthryfeloedd yn ne America, ac wrth i boblogaeth y wladwriaeth Sbaenaidd godi, sylweddolodd y Basgiaid fod marchnad fewnol y wladwriaeth Sbaenaidd yn un sylweddol y gellid manteisio arni. Yn economaidd, bu gosod Gwlad y Basg o fewn rhanbarth tollau'r wladwriaeth Sbaenaidd yn fanteisiol iawn i'r Basgiaid. Ond ni cheir y melys heb y chwerw.

Y prif rym yn y byd diwydiannol newydd oedd y wladwriaeth Brydeinig. Eisoes roedd sefydlu diwydiant haearn a dur yn y wladwriaeth honno wedi arwain at ddirywiad yn y galw am haearn Bizkaia. Ond roedd y

Basgiaid yn dysgu'n gyflym. Yn 1841 agorwyd y ffwrnais chwyth gyntaf mewn gwaith dur yng Ngwlad y Basg a llwyddodd i gynhyrchu mwy o ddur na chant o felinau traddodiadol y wlad. Erbyn yr 1850au roedd gan un o gwmnïau mwyngloddio mwyaf Gwlad y Basg, Ibarra Hermanos, waith dur modern. Roedd y Basgiaid yn awr mewn sefyllfa i ddominyddu marchnad gartref y wladwriaeth Sbaenaidd, a hynny ar draul cystadleuaeth o dramor.

Bu datblygiadau tramor yn hwb i allforio haearn Gwlad y Basg hefyd a hynny oherwydd dull y peiriannydd dylanwadol o Loegr Henry Bessemer o gynhyrchu dur rhad yn y wladwriaeth Brydeinig. Sylweddolwyd bod ei ddull ef yn gweithio orau efo math o haearn o'r enw haematit. Yr unig le yn Ewrop gyda digonedd o'r math yma o fwyn, mewn meysydd y gellid eu cloddio'n hawdd, ac a oedd hefyd yn ddigon agos i'r arfordir i'w allforio, oedd Bizkaia. Adeiladwyd rheilffordd o'r mwynfeydd i'r arfordir a moderneiddiwyd porthladd Bilbo. Drwy allforio haearn i'r wladwriaeth Brydeinig roedd melinau Gwlad y Basg yn cael manteision wrth fewnforio glo o'r wladwriaeth Brydeinig.

Roedd llawer o fwynfeydd haearn Gwlad y Basg ym meddiant cwmnïau o Gymru, gan gynnwys yr Ebbw Vale Iron Company a'r Dowlais Iron Company. Yn yr un modd roedd y rhan fwyaf o'r glo a gyrhaeddai Gwlad y Basg yn dod o gymoedd y de ac o borthladdoedd megis Casnewydd, Caerdydd, Penarth, Y Barri ac Abertawe. Roedd llawer o'r cargo i'r ddau gyfeiriad yn cael ei gludo gan longau a oedd naill ai ym mherchnogaeth Cymry neu yn cael eu rheoli o Gymru. Bu cwmni John Cory and Sons o Gaerdydd, er enghraifft, yn mewnfudo haearn Bilbo ac yn adeiladu llongau yn arbennig ar gyfer y fasnach. Cymaint fu llwyddiant y cwmni nes eu bod hwy a Morel Brothers and Company, hefyd o Gaerdydd, yn berchen ar eu mwynfeydd eu hunain yn yr ardal o gwmpas Bilbo. Arweiniodd y ddibyniaeth ddiwydiannol rhwng ardal Gwlad y Basg a Chymru yn ei dro at ddatblygiad difyr iawn, sef sefydlu cymuned o fewnfudwyr o Bilbo ym Merthyr Tudful.

Gweddnewidiwyd dinasoedd a rhai trefi Gwlad y Basg. Cymaint oedd hyder y Basgiaid fel y buddsoddwyd mewn datblygu rhwydweithiau mewnol gan ddefnyddio arian cyhoeddus. Unodd y melinau i greu Altos Hornos de Vizcaya (ffwrneisi chwyth Bizkaia) a ddaeth yn brif gynhyrchydd dur y wladwriaeth Sbaenaidd ac un o'r cynhyrchwyr mwyaf yn y byd. Erbyn diwedd y ganrif hefyd roedd Bizkaia yn cynhyrchu 77% o haearn bwrw ac 87% o ddur y wladwriaeth Sbaenaidd. Roedd Gwlad y Basg yn cynhyrchu'r dur rhataf yn Ewrop. Ehangwyd i feysydd eraill, megis ffatrïoedd cemegol a phurfeydd olew. Yn sgîl y datblygiadau mewn dur, bu cyfnod ffyniannus newydd yn niwydiant adeiladu llongau'r Basgiaid.

Roedd Gwlad y Basg yn newid yn gyflym. Adeiladwyd rheilffyrdd a gysylltai nifer o ganolfannau o fewn Gwlad y Basg â'i gilydd ac â Madrid. Roedd buddsoddwyr o'r gwladwriaethau Prydeinig, Ffrengig a Belgaidd yn cefnogi datblygiad diwydiannol y wlad. Roedd y Basgiaid eu hunain yn datblygu i fod yn fancwyr sylweddol a hwy oedd bancwyr modern cyntaf y wladwriaeth Sbaenaidd. Yn 1857 sefydlwyd y Banco de Bilbao gan deuluoedd masnachol a diwydiannol amlycaf y ddinas honno. Yn 1868 sefydlwyd y Banco de Sebastián. Bu'r Banco de Vizcaya yn buddsoddi mewn cwmnïau hydro-electrig a oedd yn cynhyrchu trydan ar gyfer Bilbo, Barcelona, Santander a Valencia.

Ond roedd pris i'w dalu. Yr hyn a welai nifer o Fasgiaid oedd rhai dosbarthiadau o fewn eu gwlad yn elwa a hynny drwy gefnu ar hawliau'r Basgiaid. Roedd banciau o wledydd eraill yn agor yn y wlad a pheirianwyr o wledydd estron yn rheoli rhai o'r mwynfeydd. 10% o fwyn haearn Bizkaia oedd yn mynd i felinau dur Gwlad y Basg. Roedd y gweddill yn cael ei allforio, tua 70% ohono i'r wladwriaeth Brydeinig. Roedd hyn yn groes i'r *fueros* a oedd yn gwahardd ymelwa ar haearn Bizkaia gan rai nad oeddynt yn Fasgiaid, ac yn arwydd arall o'r dirywiad yn hawliau a thraddodiadau'r Basgiaid a oedd eisoes yn digwydd cyn dileu'r *fueros* drwy ddeddf gwlad yn 1876.

## Cymdeithas

Roedd y Basgiaid wedi arfer wynebu ymosodiadau cyson i'w tiroedd. Gyda'r chwyldro diwydiannol cafwyd math newydd o ymosodiad – ar ffurf mewnlifiad enfawr. Er i boblogaeth Nafarroa ac Araba dyfu rhyw 2.5% yn ystod ail hanner y bedwaredd ganrif ar bymtheg nid oedd hynny'n ddim o'i gymharu â gweddill de Gwlad y Basg. Tyfodd poblogaeth Gipuzkoa 25% yn yr un cyfnod a phoblogaeth Bizkaia 94%! Achosodd y mewnlifiad nifer o broblemau. Ychwanegodd at y tensiwn a fodolai eisoes rhwng cefn gwlad a'r trefi. Tra bod cefn gwlad yn parhau'n Fasgaidd roedd y dinasoedd yn dod yn gosmopolitan. Effeithiai hyn ar wleidyddiaeth y wlad – nid oedd y *fueros* yn enghraifft o ddemocratiaeth gynrychioladol, yn arbennig yn y byd diwydiannol modern. Ffafriai'r *fueros* gefn gwlad ac nid oeddynt yn rhoi cynrychiolaeth gyfrannol i drigolion trefol. Effeithiwyd ar genedligrwydd y gymdeithas hefyd. Tyfodd poblogaeth Bilbo o 20,000 yn 1850 i 100,000 erbyn diwedd y ganrif, gyda dros eu hanner wedi eu geni y tu allan i Bizkaia. Roedd nifer o'r estroniaid hyn o wladwriaethau Prydain, yr Almaen ac o ogledd Ewrop, ac fel arfer yn entrepreneuriaid, yn rheolwyr ac yn fewnfudwyr gyda chyfalaf gwledydd estron; ond roedd mwyafrif y mewnfudwyr yn weithwyr o ardaloedd tlawd y wladwriaeth Sbaenaidd. Wynebai'r trefi a dinasoedd newydd broblemau a oedd yn gyffredin i holl wledydd diwydiannol Ewrop. Gweithiai'r gweithwyr diwydiannol oriau hir am gyflogau pitw ac roeddynt yn gorfod ei wario yn siopau'r cwmni. Tai gwael oedd ganddynt ger y gweithfeydd, ac roedd y tai hynny'n orlawn.

Effeithiodd y mewnlifiad ar iaith y Basg hefyd. Roedd unrhyw fygythiad i'r iaith yn bygwth hunaniaeth y Basgiaid, fel y cydnabu'r llenor Victor Hugo pan ymwelodd â Gwlad y Basg yn 1843. Meddai; 'Iaith y Basg yw'r tir ei hun, mae hi bron yn grefydd'. Yn ôl yr hanesydd Roger Collins, roedd y mewnfudo yn cael ei annog yn fwriadol gan lywodraeth ganolog a oedd yn ystyried etifeddiaeth hil ac iaith unigryw'r Basgiaid fel bygythiad i'r wladwriaeth. Felly, bwriad y wladwriaeth drwy gydol y ganrif oedd ceisio rhwystro defnydd o'r iaith. Roedd ymfudo yn ychwanegu at y broblem – collodd y Basgiaid a symudodd i dde America eu harferion a'u hiaith yn fuan iawn. Llwyddodd y rhai a symudodd i ogledd America, i Califfornia a Nevada'n arbennig, i gadw eu hunaniaeth a'u diwylliant traddodiadol, er iddynt hwythau golli'r iaith.

Er y datblygiadau hyn roedd yr iaith yn parhau yn iaith y mwyafrif yng Ngwlad y Basg. Ymddengys bod tua 54% o'r boblogaeth yn siarad yr iaith yn 1868. Roedd pawb bron iawn yn Bizkaia a Gipuzkoa yn siarad yr iaith a thros hanner y boblogaeth yng ngogledd Gwlad y Basg, tua 20% o boblogaeth Nafarroa a 12% o boblogaeth Araba.

## Y Dadeni Basgaidd

Os oedd y Basgiaid yn wynebu bygythiadau i'w hunaniaeth o sawl cyfeiriad yna sbardun oedd hynny i gyfnod newydd. Wrth i'r bedwaredd ganrif ar bymtheg fynd rhagddi cafwyd ymdrech genedlaethol gan y Basgiaid i adfer eu diwylliant. Yn amlwg ymhlith cymeriadau'r cyfnod hwn oedd Arturo

Campión (1854-1937) o Nafarroa. Ysgrifennai am ddiwylliant y Basgiaid ac adlewyrchai agweddau'r rhai a frwydrai i gadw diwylliant y Basgiaid yn fyw. Iddynt hwy, yr iaith a'r diwylliant oedd yr hyn a sicrhâi annibyniaeth y Basgiaid, pa bynnag wladwriaeth a reolai.

Cafwyd bwrlwm mewn sawl maes diwylliannol. Yn 1891 cyhoeddwyd llyfr pwysig ar yr iaith gan Resurrección María Azkue; offeiriad amryddawn oedd hefyd yn fardd, cerddor a llenor; a bu ef hefyd yn gyfrifol am eiriadur tairieithog (iaith y Basg, Sbaeneg a Ffrangeg). Bu'n brysur yn casglu caneuon gwerin a chwedlau, pentref wrth bentref, gyda'r bwriad o'u defnyddio fel testunau ar gyfer gweithiau corawl enfawr. Erbyn troad y ganrif roedd ymwybyddiaeth y Basgiaid o'u traddodiadau cerddorol ar gynnydd gyda grwpiau corawl wedi eu sefydlu mewn amryw ddinasoedd a threfi.

Un agwedd bwysig o'r dadeni oedd llenyddiaeth. Rhwng 1545 ac 1879 cyhoeddwyd 102 o lyfrau yn yr iaith ond pedwar yn unig oedd yn llenyddiaeth, yn ystyr modern y gair. Roedd y gweddill yn llyfrau am iaith neu'n llyfrau crefyddol. Ymddangosodd y nofel ar ddiwedd y bedwaredd ganrif ar bymtheg, ac yn ystod y cyfnod hwnnw ac ar ddechrau'r ugeinfed ganrif, fe'i hystyriwyd yn ddull llawer mwy effeithiol o hybu'r iaith na barddoniaeth. Yn 1898 cyhoeddodd Domingo de Aguirre y nofel gyntaf yn iaith y Basg, *Aunamendiko Lorea* (Blodyn y Pyreneau). Ceisiodd ehangu ei apêl drwy ysgrifennu yn nhafodiaith Bizkaia ac yn nhafodiaith Gipuzkoa. Roedd yn sicr yn ganlyniad i'r mudiad gwleidyddol-ddiwylliannol a ymddangosodd yn y wlad yn negawdau olaf y ganrif.

Bu eraill yn brysur yn ceisio dangos pa mor hynafol oedd y Basgiaid fel pobl. Bu llawer o archwilio ac ymchwilio mewn ogofeydd cynhanesyddol a bu'r darganfyddiadau yn sylfaen i nifer helaeth o lyfrau a thraethodau ar hanes y Basgiaid. Oherwydd i filoedd ar filoedd o bobl ymfudo i

America o ogledd Gwlad y Basg, bu i bobl yno gymryd diddordeb arbennig yn hen hanes y Basgiaid. Roedd hyn yn gam pwysig yn y broses o sicrhau hunan barch y Basgiaid.

Cafwyd arwydd sicr o genedlaetholdeb gwleidyddol ymhlith y Basgiaid yn y cyfnod hwn. Daeth Coeden Gernika (*Gernikako Arbola*) yn symbol o hunaniaeth ac annibyniaeth y Basgiaid – o'r Oesoedd Canol hyd at 1836 dyma fu man cyfarfod arweinwyr y Basgiaid. Bu brenhinoedd Castilia yn dod yno i dyngu llw i gefnogi'r *fueros*. Tan y bedwaredd ganrif ar bymtheg y man cyfarfod oedd coeden ac eglwys. Yn 1826 adeiladwyd tŷ cyfarfod newydd ac yn 1860 plannwyd coeden newydd. Yn 1853 cyfansoddwyd yr emyn 'Coeden Gernika' gan José María Iparraguirre, emyn a ddaeth yn fath o anthem answyddogol i'r Basgiaid. Cymaint fu'r ymateb gwladgarol i'r gân nes y diarddelwyd Iparraguirre o dde Gwlad y Basg gan yr awdurdodau Sbaenaidd.

*Dathlu sefydlu Clwb Athletico Bilbo*

Nid oedd pawb a gyfrannodd i'r dadeni hwn o angenrheidrwydd yn genedlatholwyr. Wedi'r cyfan, roedd cymdeithas yn newid yn gyflym yn sgîl y datblygiadau diwydiannol. Cafwyd dylanwadau diwylliannol o'r tu allan i Wlad y Basg, rhywbeth a oedd yn arbennig o wir yn Bilbo. Gweithwyr o'r wladwriaeth Brydeinig, er enghraifft, oedd yn gyfrifol am sefydlu clwb pêl-droed Athletic Club Bilbo yn 1898.

Un o feibion Bilbo oedd Miguel de Unamuno y Jugo, un o ysgolheigion mawr Gwlad y Basg a'r wladwriaeth Sbaenaidd. Bu'n dal sawl swydd bwysig mewn prifysgolion yn y wladwriaeth Sbaenaidd a bu'n gynhyrchiol dros ben wrth ysgrifennu nofelau, barddoniaeth a thraethodau, ond wastad yng Nghastileg. Er yn falch o'i wreiddiau Basg gwrthwynebai unrhyw awgrym o genedlaetholdeb. Iddo ef roedd iaith y Basg yn iaith eilradd, iaith lafar y werin ac iaith nad oedd yn addas ar gyfer cyflwyno syniadau soffistigedig mewn unrhyw ffurf. Ond llwyddodd y dadeni i'w wrthbrofi.

Un digwyddiad a gafodd effaith enfawr ar ddiwylliant y wladwriaeth Sbaenaidd oedd Rhyfel Sbaen-America. Yn 1898 collodd y wladwriaeth ei threfedigaethau olaf y tu allan i Affrica, sef Ciwba, Puerto Rica a'r Philipinau i'r Unol Daleithiau. Roedd ergyd seicolegol *El Desastre del 1898* ar y wladwriaeth Sbaenaidd yn un enfawr – roedd yr ymerodraeth wedi mynd yn gyfan gwbl. O ganlyniad bu llenorion ac artistiaid y wladwriaeth yn dadansoddi'r hyn a oedd wedi digwydd – y rhain oedd 'Cenhedlaeth '98'. Yn arwyddocaol roedd rhai o arweinwyr 'Cenhedlaeth '98' yn Fasgiaid, gan gynnwys Pío Baroja, y nofelydd, a Miguel de Unamuno, ond roedd mudiad cenedlaethol ar droed yng Ngwlad y Basg erbyn diwedd y ganrif ac roedd eu hagwedd hwy tuag at El Desastre yn wahanol iawn i agweddau Miguel de Unamuno a'i debyg.

### Cychwyn cenedlaetholdeb modern

Ar 3 Mehefin, 1893 trefnwyd cyfarfod cyhoeddus enfawr ym mhrif ddinas Nafarroa, Iruñea, cyfarfod a ddenodd 80,000 o drigolion Nafarroa. Roeddynt yno i brotestio yn erbyn bwriad y wladwriaeth Sbaenaidd i integreiddio system gyllidol Nafarroa i mewn i'r wladwriaeth, ond roedd y cyfarfod yn llawer pwysicach na hynny. Dyma'r cyfarfod torfol cyntaf yn yr oes ddiwydiannol fodern i ddatgan cenedlaetholdeb Basgaidd, gyda phobl o bob lliw gwleidyddol yn uno i amddiffyn *fueros* y wlad. Y flwyddyn olynol, 1894, mewn protest fawr arall yn Nafarroa, ymddangosodd baner Gwlad y Basg am y tro cyntaf. Ar 31 Gorffennaf, 1895 cafwyd datblygiad pwysig arall pan gyhoeddwyd sefydlu *Eusko Alderdi Jeltzalea* – Plaid Genedlaethol y Basgiaid (PNV), mudiad tanddaearol dros annibyniaeth.

Y gŵr a oedd yn gyfrifol am y digwyddiadau uchod oedd Sabino Arana y Goiri, a ystyrir fel tad cenedlaetholdeb modern Gwlad y Basg. Roedd ei deulu wedi gorfod dianc i ogledd Gwlad y Basg yn ystod yr ail ryfel Carlaidd. Er iddynt ddychwelyd i dde Gwlad y Basg roedd methiant y Carliaid yn ergyd fawr i dad Sabino Arana gan effeithio'n niweidiol ar ei iechyd. Wedi marwolaeth ei dad bu Sabino Arana yn isel ei ysbryd am gyfnod ond wedi iddo wella dangosodd ddiddordeb mawr yn iaith y Basg. Nid Basgeg oedd ei famiaith felly aeth ati i'w dysgu. Roedd yn awyddus i sefydlu mudiad cenedlaethol – credai fod y Basgiaid yn genedl ac felly dylent gael eu gwlad eu hunain. Roedd ei genedlaetholdeb yn gul iawn. Ar y cychwyn cyfeirio at Bizkaia yn unig a wnâi, ond roedd yn sylweddoli'r hyn yr oedd pobl ei angen i adeiladu cenedl. Yn sicr cafodd effaith sylweddol ar hanes Gwlad y Basg.

Ef oedd yn gyfrifol am roi'r enw 'Euskadi' ar Wlad y Basg. Yr enw traddodiadol ar Wlad y Basg yw 'Euskal Herria', sy'n golygu 'gwlad y siaradwyr Euskara', ond i Sabio Arana enw ar le oedd hwn, nid enw ar wlad. Felly dyfeisiodd yr enw Euskadi o'r geiriau *Euskal,* a olygai 'siaradwr Euskara' a'r olddodiad '*di*', sy'n golygu 'gyda'i gilydd'. Ef hefyd oedd yn gyfrifol am fathu enwau newydd megis, *aberri,* sef 'mamwlad', *erri,* sef 'gwlad' ac *azkatasuna,* a olyga 'rhyddid'. Bu hefyd yn gyfrifol am ddisodli'r llythyren Castileg 'c' efo 'k' y Basg a'r 's' Castileg efo 'z' y Basg. Y bwriad oedd gwneud i eiriau edrych fel geiriau Basg.

Ysgrifennodd lyfr dylanwadol iawn, sef *Cuatro Glorias Patrias* (Pedair Gweithred Wladgarol Wych) yn 1890.

Ystyrir y llyfr yn sylfaen cenedlaetholdeb Basg modern. Roedd y llyfr yn adrodd hanes pedair brwydr a fu yn Bizkaia yn yr Oesoedd Canol. Ei nod oedd dangos camau epig allweddol yn hanes sefydlu cenedl y Basg. Felly, yn naturiol, nid oedd lle i bobl fel teulu Loiola a oedd wedi gwasanaethu brenhinoedd Castilia. Propaganda pur oedd y llyfr ac wedi ei ysgrifennu mewn arddull y byddai pawb yn ei ddeall.

Yn yr un modd ef oedd yn gyfrifol am yr hyn a ddaeth yn ddiweddarach yn anthem genedlaethol y Basgiaid ac, gyda'i frawd Luis, am y faner genedlaethol. Er iddo ysgrifennu'r anthem 'Gora ta Gora' ni osodwyd y geiriau i gerddoriaeth tan wedi ei farwolaeth. Roedd y faner, yr *ikurriña*, yn nodweddiadol o resymeg Sabino Arana. Mae'r cefndir coch yn cynrychioli'r bobl, y groes werdd yn sefyll dros yr hen hawliau a'r groes wen, dros hwnnw, yn symbol o burdeb Crist. Mae'n od i ni'r Cymry ei fod wedi seilio'r faner ar Jac yr Undeb!

Roedd Sabino Arana hefyd yn hybu'r syniad bod y *fueros* yn ddemocratiaeth berffaith, er bod ei syniadau ef yn bersonol yn ymdebygu i theocrataeth Babyddol. Adlewyrchwyd y cymysgedd o'r hen gyfreithiau Basgaidd a'i ddaliadau crefyddol yn slogan Plaid Genedlaethol y Basgiaid – *Jaungoikua eta Lagizarra*, sef 'Duw a'r Hen Gyfraith'. Roedd Arana am i Euskadi fod yn wladwriaeth Babyddol.

Ef hefyd oedd un o'r rhai cyntaf i ofyn cwestiwn a oedd yn allweddol i ddyfodol Gwlad y Basg, sef pwy sy'n Fasg? Rhaid cofio bod y chwyldro diwydiannol ar y pryd yn newid natur cymdeithas Gwlad y Basg, a hynny'n gyflym. I Sabino Arana roedd y 'Sbaenwyr' a'r holl weithwyr eraill a oedd wedi mewnfudo i Wlad y Basg yn estroniaid. Gwelai hwy fel bygythiad i'r iaith gyda'r iaith yn dod yn iaith leiafrifol mewn sawl ardal. Roedd nifer o'r mewnfudwyr yn ogystal heb yr un ymrwymiad i Babyddiaeth ag a oedd gan y Basgiaid ac, yn waeth fyth, roedd nifer ohonynt yn cefnogi syniadau sosialaidd. Roedd cenedlaetholdeb Sabino Arana hefyd yn rhoi statws arbennig i'r werin wledig, er nad oedd nifer fawr o arweinwyr ei blaid o gefn gwlad eu hunain. Roedd diwylliant y Basgiaid i raddau helaeth iawn yn wledig ac roedd datblygiad y trefi, a'r rhai a drigai ynddynt, yn bygwth hyn.

Gellid honni bod rhai o'i syniadau yn hiliol. Credai y dylai holl neiniau a theidiau rhywun fod wedi eu geni yn Euskadi a chael enwau Euskara i fod yn Fasgaidd. Ond roedd hynny'n debyg i'r hyn a oedd yn wir am y wladwriaeth Sbaenaidd ei hun. I fod yn aelod o ddosbarth yr uchelwyr yno rhaid oedd i deulu ddangos nad oeddynt o deulu Iddewig na Moslemaidd. Yn yr un modd, defnyddiai Sabino Arana'r gair *maketo* i ddifrïo'r gweithwyr tlawd hynny, y dosbarth isaf a oedd wedi symud i'r ardaloedd diwydiannol i geisio bywoliaeth.

Gwelodd Sabina Arana a chenedlaetholwyr eraill Gwlad y Basg a Chatalunya fod *El Desastre* yn gyfle iddynt. Bu bron iddo ennill sedd mewn etholiad rhanbarthol yn 1898. Yn 1899 enillodd pum cynghorydd cenedlaetholgar seddi ar gyngor tref Bilbo. Yn anffodus iddynt hwy roedd math arall o genedlaetholdeb yn llawer cryfach, sef cenedlaetholdeb Castilia. O ganlyniad, yn 1900 datganwyd bod galw am ymreolaeth yn weithred yn erbyn y wladwriaeth. Arestiwyd Arana yn 1902 am anfon llythyr at Arlywydd yr Unol Daleithiau yn ei longyfarch ar annibyniaeth Ciwba. Wedi iddo gael ei ryddhau aeth dros y ffin i Donibane-Lohizune i gwblhau drama o'r enw *Libe*. Yn arwyddocaol, testun y ddrama yw dynes sy'n dewis marw yn hytrach na phriodi Sbaenwr. Dychwelodd i'w gartref yn Bizkaia, a bu farw ar 25 Tachwedd, 1903. Roedd yn 38 mlwydd oed.

Nid oedd Sabino Arana yn ddyn dymunol iawn ac nid oedd ganddo synnwyr digrifwch. Roedd rhai o'i syniadau yn ymddangos yn hiliol ac yn rhamantus, ond fe ddenodd gefnogwyr lu yn ystod ei oes, a llwyddodd i osod sylfaen i genedlaetholdeb modern Gwlad y Basg. Beth bynnag am ei gymeriad mae'r awdur Mark Kurlansky yn crynhoi ei bwysigrwydd fel a ganlyn:

> ... *when Sabino was born, the Basques had a culture and an identity. Thirty-eight years later, when he died, they had the beginnings of a nation.*

*Yr ikurriña*

# IV

# Brwydro dros
# Hunanlywodraeth: 1900-1937

Yn ystod degawdau cynnar yr ugeinfed ganrif tyfodd y
mudiad cenedlaethol yng Ngwlad y Basg. Roedd sefyllfa
wleidyddol ac economaidd y cyfnod yn cynnig cyfle i'r
mudiad cenedlaethol hwnnw, ond roedd hefyd yn fygythiad
iddynt.

*Twf y mudiad cenedlaethol*

Roedd gwleidyddiaeth y wladwriaeth Sbaenaidd ar
ddechrau'r ugeinfed ganrif yn hollol ansefydlog. Roedd
hynny yn bennaf oherwydd effaith *El Desastre* 1898. Yn
ystod degawdau cynnar yr ugeinfed ganrif daeth nifer o
densiynau i'r wyneb – gwrthglerigaeth, rhwystredigaeth y
fyddin ac agwedd dirmygus at wleidyddiaeth seneddol.
Roedd anarchiaeth yn prysur ddatblygu a hefyd sosialaeth,
yn arbennig yn y canolfannau diwydiannol mawrion, gan
gynnwys Bilbo. Problem arall a wynebai'r wladwriaeth
Sbaenaidd oedd y cynnydd yn y gefnogaeth i achos
cenedlaetholdeb ymhlith rhai o'r cenhedloedd o fewn ei
ffiniau, megis Gwlad y Basg a Chatalunya.

Ystyrid y cyfnod cyn y Rhyfel Byd Cyntaf yn y
wladwriaeth Ffrengig fel *La Belle Epoque* (y cyfnod
prydferth) pan gafwyd dadeni diwylliannol, ehangu
imperialaidd a rhyw elfen o sefydlogrwydd gwleidyddol.
Ond, yn wahanol i'r wladwriaeth Sbaenaidd; lle bu brwydr
barhaol rhwng grym llywodraeth ganolog a'r rhanbarthau;
yn y wladwriaeth Ffrengig diogelu'r wladwriaeth unedig

oedd nod y llywodraeth ganolog ym mhob agwedd ar fywydau'r bobl. Nid yw'n syndod felly bod mudiad cenedlaethol Gwlad y Basg ar ei gryfaf yn y pedwar rhanbarth deheuol.

Gwelodd degawd cyntaf yr ugeinfed ganrif dwf sylweddol yn natblygiad Plaid Genedlaethol y Basgiaid yn y de. Serch hynny, wynebai'r blaid nifer o broblemau mewnol, megis y rhwyg rhwng y rhai a oedd am annibyniaeth a'r rhai hynny a oedd am i'r wladwriaeth Sbaenaidd roi mwy o sylw i'r rhanbarthau deheuol. Roedd y garfan gyntaf am weithredu'n filwriaethus tra bod yr ail garfan yn ennyn cefnogaeth o rengoedd diwydianwyr dylanwadol Bizkaia. Yn 1908 cynhaliwyd Cynulliad Cyffredinol cyntaf y blaid a dilynwyd hwnnw gan ddau arall, yn 1911 ac 1914. Yn y blynyddoedd cynnar hyn roedd y blaid yn ffederal o ran ei threfniadaeth. Roedd gweithredu gwleidyddol y cenedlaetholwyr hefyd yn mynd law yn llaw â dadeni diwylliannol y cyfnod, fel y gwelwn yn y man.

Yn 1921 lladdwyd 7,000 o filwyr y wladwriaeth Sbaenaidd gan luoedd y Moslemiaid mewn cyflafan ym Moroco. Roedd llawer o'r cyfrifoldeb yn disgyn ar ysgwyddau'r brenin Alffonso XIII. Er mwyn diogelu'r goron rhag y bai cafwyd *coup* llwyddiannus gan Gapten-Gadfridog Catalunya, sef Primo de Rivera. Rheolodd fel prif weinidog, yn wir, math o unben, am saith mlynedd, ond gyda dirwasgiad yn taro'r wladwriaeth, fe wynebodd wrthwynebiad o du'r dosbarth canol a'r fyddin. Disodlwyd de Rivera. Yr oedd ef wedi amddiffyn y brenin rhag ei elynion. Yn awr nid oedd neb ar ôl i amddiffyn y goron. Yn etholiadau Ebrill 1931 ysgubodd y gweriniaethwyr i rym, ac ymddiswyddodd Alffonso. Ni chafwyd yr un math o symudiadau eithafol yn y wladwriaeth Ffrengig; er, gallasai'r tensiynau yno fod wedi arwain at ryfel cartref yn y 1930au hefyd.

Cafodd y digwyddiadau hyn effaith ar fudiad cenedlaethol y Basgiaid. Yn 1923 aeth Primo de Rivera, unben y wladwriaeth Sbaenaidd, ati i wahardd cangen eithafol mudiad cenedlaethol y Basgiaid, sef y rhai a oedd o blaid annibyniaeth i Wlad y Basg. Roedd eraill o fewn y mudiad cenedlaethol a oedd am fwy o hawliau i'r Basgiaid o fewn y wladwriaeth Sbaenaidd, ond nad oeddynt yn hapus â Phlaid Genedlaethol y Basgiaid. Wedi dymchwel de Rivera yn 1930 daeth y ddwy gangen at ei gilydd gan arwyddo cytundeb yn Donostia, gyda Phlaid Genedlaethol y Basgiaid yn absennol. Canlyniad y cytundeb oedd ffurfio plaid genedlaethol newydd, *Acción Nacionalista Vasca* (Gweithredu Cenedlaethol y Basgiaid) a oedd yn llawer mwy seciwlar ac adain chwith. Oherwydd y gwrthdaro rhwng yr amryw grwpiau gwleidyddol ar hyd a lled y wladwriaeth Ffrengig, roedd y mudiad cenedlaethol yng ngogledd Gwlad y Basg yn gorfod symud yn ofalus iawn. Er hynny, roedd y mudiad cenedlatholgar *Aintzina* (Ymlaen) yn weithredol iawn yn y gogledd yn ystod y 1930au gyda'r llenorion Pierre Lafitte a Marc Legasse yn aelodau.

## Parhad Dadeni'r Basg

Rhan annatod o'r mudiad cenedlaethol oedd yr adfywiad diwylliannol. Roedd i'r iaith le canolog yn yr adfywiad hwnnw. Ar ddechrau'r ugeinfed ganrif ceisiodd Xabier de Lizardi, un o lenorion mwyaf dylanwadol y cyfnod, ysgrifennu barddoniaeth mewn iaith safonol yr oedd ef ei hun wedi ei chreu, ond ychydig oedd yn ei deall. Roedd wir angen un iaith safonol ar y Basgiaid.

Ar y llaw arall cafwyd datblygiadau pwysig ym myd addysg. Yn Donostia yn 1914 agorwyd yr *ikastola* gyntaf – sef ysgol gynradd a oedd yn addysgu drwy gyfrwng Euskara. Eu pwrpas oedd cynnig system addysg wahanol i'r un

Gastileg. O fewn dim agorodd nifer o'r ysgolion hyn ar hyd a lled Gipuzkoa a Bizkaia. Roedd yr *ikastolak* yn datblygu'n gyflym erbyn y 1930au gyda nifer o werslyfrau a geiriaduron yn cael eu cyhoeddi yn yr Euskara.

Y tu allan i'r *ikastolak*, parhau oedd y polisi ymosodol tuag at yr iaith o du'r ddwy wladwriaeth. Yr oedd yn drefn, yn ystod degawdau cychwynnol yr ugeinfed ganrif, i roi cloch i ddisgybl ar ddechrau diwrnod ysgol. Yr oedd y disgybl i drosglwyddo'r gloch i ddisgybl arall a glywid yn siarad Basgeg. Ar ddiwedd y dydd yr oedd y disgybl a oedd â'r gloch yn ei feddiant yn cael ei guro – adlais o'r *Welsh Not* yma yng Nghymru. Ar adegau yr oedd rhieni yn cefnogi'r arferiad; wedi eu dylanwadu gan agweddau'r awdurdodau a'u cynrychiolwyr yn lleol.

Ond cynyddu oedd hunan hyder diwylliannol y Basgiaid. Yn 1918 sefydlwyd yr Academi Iaith Fasgeg (*Euskaltzaindia*) a dechreuodd ar y gwaith o sicrhau ffurf safonol o'r iaith o'i hwyth tafodiaith. Yn 1935 cyhoeddodd Plaid Genedlaethol y Basgiaid gofiant swyddogol Sabino Arana ar gyfer mudiad ieuenctid y Blaid. Cafodd y llyfr ddylanwad enfawr ar genedlaetholwyr yr oes, ac ar eu plant.

Erbyn y 1930au roedd barddoniaeth yn Euskara hefyd yn ffynnu, o dan ddylanwad José María Aguirre, a adwaenid fel Lizardi (bu farw yn 1933) a bardd arall o'r enw Esteban de Urquizu, neu Lauaxeta fel y'i gelwid, a weithiai i Blaid Genedlaethol y Basgiaid. Roedd adfywiad mewn sawl maes diwylliannol a hamdden – daeth theatr yn Euskara, dawnsio traddodiadol a chorau Basg yn boblogaidd eto. Ym maes chwaraeon roedd *pelota*, un o gemau traddodiadol y Basgiaid sy'n ymdebygu i denis, yn parhau'n boblogaidd ond hefyd llu o chwaraeon traddodiadol cefn gwlad, megis codi wagenni, ymladd defaid a thorri coed. Deuai torfeydd sylweddol ynghyd i'w gweld.

Yn 1932 creodd Plaid Genedlaethol y Basgiaid ddydd

gŵyl newydd a ddisgynnai ar Sul y Pasg, sef *Aberri Eguna* (Diwrnod Cenedlaethol) a chynhaliwyd y cyntaf yn Bilbo, man geni Sabino Arana. Daeth miloedd o bobl yno i ddathlu Diwrnod Cenedlaethol y Basgiaid o flaen y tŷ lle'i ganwyd – cyfle i genedlaetholwyr o bob lliw a llun ac o bob oedran i uno i ddathlu bod yn Fasgiaid. Cynhaliwyd yr ail ddiwrnod yn Donostia yn 1933 a'r flwyddyn ganlynol yn Gasteiz. Daeth miloedd o bobl ynghyd eto. Er i'r llywodraeth ganolog ym Madrid ei wahardd ar y cychwyn llwyddwyd i sicrhau caniatâd i'w gynnal yn Iruñea yn 1935 gyda miloedd, unwaith yn rhagor, yn cyfarfod. Arwydd o'r hyn oedd i ddod oedd y gwaharddiad. Yn 1936 ni chynhaliwyd y diwrnod oherwydd y rhyfel cartref ac, yn dilyn buddugoliaeth Franco yn y rhyfel hwnnw, gwaharddwyd y diwrnod yn ffurfiol gan yr awdurdodau, er ei fod, erbyn hyn, wedi dod yn ddydd gŵyl cenedlaethol answyddogol.

### Gwlad y Basg a'r Ail Weriniaeth Sbaenaidd

Pan sefydlwyd system ddemocrataidd y wladwriaeth Sbaenaidd yn 1931, sef yr Ail Weriniaeth, cymysg oedd y gefnogaeth iddi yng Ngwlad y Basg. Ar hyd a lled y wlad pleidleisiodd mwyafrif y Basgiaid yn ei herbyn. Y prif reswm dros hyn mae'n debyg oedd bod y rhai a gefnogai'r Weriniaeth yn rhy wrth-eglwysig ac yn rhy sosialaidd i fwyafrif y Basgiaid. Bu canolfannau trefol mawr, megis Bilbo, Gasteiz a Donostia yn pleidleisio o'i phlaid, ond pleidleisiodd Iruñea'n ei herbyn. Adlewyrchai hyn y ffaith fod yn ardaloedd diwydiannol Bizkaia a Gipuzkoa fudiadau llafur cryfion a phleidiau Sosialaidd a Chomiwnyddol gweithgar. Un ffigwr amlwg ar y chwith oedd Dolores Ibarruri a etholwyd i senedd y Weriniaeth Sbaenaidd fel Comiwnydd yn cynrychioli Asturias. Fe wisgai ddu bob amser ac fe'i hadwaenid fel *La Pasionaria* oherwydd ei dull o areithio a'r effaith a gawsai ar ei chynulleidfa. Bu'n symbol o achos y Weriniaeth, ond nid oedd hi, na Basgiaid eraill y chwith, yn hybu achos cenedlaetholdeb Gwlad y Basg.

Daeth yr arweinwyr hynny a oedd yn cynnal fflam cenedlaetholdeb y Basgiaid o blith aelodau teuluoedd *elite* y byd diwydiannol ac o rengoedd y rhai oedd â daliadau Pabyddol ceidwadol iawn. *Eusko Alderdi Jeltzalea* – Plaid Genedlaethol y Basgiaid – oedd plaid mudiad cenedlaethol y Basgiaid, ond roedd y cenedlaetholdeb hwnnw'n gul iawn. Tueddent i fod yn hiliol, yn sicr roeddynt yn wrth-Sbaenaidd ac yn gwrthwynebu i Fasgiaid briodi Castiliaid, er enghraifft. Un nod oedd cael gwared â'r iaith estron, sef Castileg, a sicrhau mai Euskara fyddai iaith Gwlad y Basg. Iddynt hwy roedd iaith Castilia yn cynrychioli Rhyddfrydiaeth ac nid oedd croeso i'r naill na'r llall. Roeddynt hwy a'r eglwys yng Ngwlad y Basg yn cefnogi ei gilydd yn erbyn Rhyddfrydiaeth a gwrthglerigaeth y Weriniaeth.

Ar y llaw arall sylweddolodd nifer o Fasgiaid fod sefydlu'r Ail Weriniaeth a'i delfrydau democrataidd yn cynnig cyfle iddynt sicrhau hunanlywodraeth. Aeth *Eusko Ikaskuntza* (Cymdeithas Astudiaethau Basgaidd) ati i lunio statud hunanlywodraeth ar gyfer pedwar rhanbarth Gwlad y Basg o fewn ffiniau'r wladwriaeth Sbaenaidd. Ym Mehefin 1931, ddeufis wedi datgan sefydlu'r Ail Weriniaeth yn y wladwriaeth Sbaenaidd, cyfarfu Cynulliad Bwrdeistrefi Basgaidd yn Lizarra yn Nafarroa a llunio statud dros uno rhanbarthau'r Basgiaid. Roedd llywodraeth ganolog Madrid yn gwrthwynebu hyn gan fod y cyfansoddiad yn derbyn un wladwriaeth Sbaenaidd unedig yn unig. Yn yr etholiad cyffredinol a gynhaliwyd ddiwedd y flwyddyn llwyddodd nifer o ymgeiswyr, a alwai eu hunain yn 'ymgeiswyr hunanlywodraeth' i ennill mwyafrif y pleidleisiau yng Ngwlad y Basg. Roedd yr ymgeiswyr hynny'n cynnwys cenedlaetholwyr, traddodiadwyr ac ymgeiswyr annibynnol. Cefnogwyd y statud mewn refferendwm a gynhaliwyd yn Araba, Bizkaia a Gipuzkoa gan 84% o'r etholwyr yn Nhachwedd 1933, ond llwyddodd y llywodraeth ganolog i chwalu undod yr ymgeiswyr ac i sicrhau na fyddai'r statud a gynigwyd yn weithredol.

Gyda thensiynau yn cynyddu ar draws y wladwriaeth Sbaenaidd roedd y perygl o ryfel cartref yn un real a gallasai hynny rwygo Gwlad y Basg ei hun. Yn dilyn un gwrthdystiad gan Blaid Genedlaethol y Basgiaid yn Bilbo fe'u gwahoddwyd i fod yn rhan o wrthryfel yn erbyn y Weriniaeth. Ceisiodd y brenin alltud, Alffonso, eu perswadio i gefnogi ei achos ef drwy addo cefnogi'r *fueros*. Gwrthodwyd ei gynnig gan arweinydd y blaid, cam a sicrhâi elyniaeth y brenhinwyr tuag at achos cenedlaetholdeb y Basgiaid.

## *José Antonio Aguirre*

Y gŵr a wrthododd y cynnig oedd José Antonio Aguirre. Ganwyd ef yn Bilbo yn 1904. Roedd ei rieni yn siarad Euskara ac fe'i hanfonwyd i *ikastola* gyntaf Bilbo. Yn ddiweddarach fe'i haddysgwyd gan yr Iesuwyr. Yn dilyn marwolaeth ei dad ef oedd yn gyfrifol am redeg busnes y teulu, sef ffatri cynhyrchu siocled. Roedd yn ŵr golygus ac yn un o sêr tîm pêl-droed Athletic Club Bilbo. Dangosodd ei fod yn arweinydd naturiol.

Yn ddwy ar bymtheg mlwydd oed ymunodd â Phlaid Genedlaethol y Basgiaid, plaid a oedd yn parhau yn fudiad tanddaearol ar y pryd. Roedd ei arddull wrth areithio yn ennyn cefnogaeth a deuai torfeydd i wrando arno. Roedd yn bopeth y byddai'r Basgiaid yn ei ddymuno mewn arweinydd mudiad cenedlaethol; ond roedd hefyd yn chwalu rhai o'r hen ddaliadau. Er ei fod yn Babydd selog nid oedd ganddo

ETXE ONETAN
1904-III-6'AN JAIO ZAN
EUZKO JAURLARITZAKO
LENENGO LENDAKARI ZAN
AGIRE ETA LEKUBE
TAR
JOSEBA ANDONI
ETA
1960-III-22'AN
ERBESTETUTA ZELA
PARIS'EN IL ZAN

B

Etxe honetan jaio zen
José Antonio Aguirre Lekube (1904-1960),
Eusko Jaurlaritzaren lehen lehendakaria
(1936-1960). Parisen, erbestean, hil zen.

En esta casa nació
José Antonio Aguirre Lekube (1904-1960),
primer lehendakari del Gobierno Vasco
(1936-1960). Murió en el exilio en París.

*Cofeb i José Antonio Aguirre*

ddim i'w ddweud wrth y Carliaid a'r *Falange* (Plaid Ffasgaidd Sbaen) a oedd yn honni eu bod hwy'n amddiffyn yr eglwys Babyddol. Iddo ef, manteisio ar yr eglwys oeddynt hwy. Roedd ei genedlaetholdeb yn llawer mwy eang ei orwelion. Nid oedd yn ymosod ar Gastilia nac ar y wladwriaeth Sbaenaidd. Credai ef y gallai'r Weriniaeth newydd, er ei thueddiadau i'r chwith a'i gwrthglerigaeth, fod yn gefnogol i genedlaetholdeb y Basgiaid. Roedd ar y Weriniaeth newydd angen Gwlad y Basg, a Chatalunya, gan mai hwy oedd yr unig lefydd ar Orynys Iberia a oedd wedi datblygu'n ddiwydiannol ac a fwynhâi'r un safonau byw â gwledydd eraill Ewrop.

Fe wynebai Aguirre broblemau wrth geisio cyrraedd cytundeb â'r llywodraeth weriniaethol ym Madrid. Yn gyntaf, ni allai neb ar y chwith na'r dde yn y wladwriaeth Sbaenaidd ddeall ei blaid. Roedd y blaid yn geidwadol, o blaid byd busnes, yn Babyddol ond yn galw am annibyniaeth i Wlad y Basg – rhywbeth a oedd yn wrthun i'r dde yn y wladwriaeth Sbaenaidd. Yn ail, roedd Catalunya wedi achub y blaen arno drwy drafod deddf hunanlywodraeth iddynt eu hunain. Roedd hynny oherwydd bod cenedlaetholwyr Catalunya yn llawer agosach at safbwyntiau gwleidyddol chwith llywodraeth Madrid. Yn drydydd, roedd cyfansoddiad y llywodraeth ym Madrid yn prysur newid gyda symudiad pendant i'r dde. Eisoes yn 1934 roedd y Basgiaid wedi colli'r hawl i godi trethi. Yna cafwyd digwyddiad a oedd ag arwyddocâd nid yn unig o Wlad y Basg a'r wladwriaeth Sbaenaidd ond i Ewrop gyfan.

## Cychwyn rhyfel cartref y wladwriaeth Sbaenaidd 1936-39

Ar 18 Gorffennaf, 1936 wynebai'r wladwriaeth Sbaenaidd *coup d'état*. Arweinydd y gwrthryfel oedd y cadfridog Francisco Franco. Llwyddodd Franco i uno ystod eang o grwpiau gwleidyddol y tu cefn iddo, gan gynnwys Carliaid, brenhinwyr, yr adain dde, y fyddin, y ffasgwyr a'r eglwys. Fe'u hadwaenid hwy fel y 'gwrthryfelwyr', a'r rhai a oedd yn eu gwrthwynebu ac yn cefnogi'r llywodraeth Weriniaethol fel y 'teyrngarwyr', sef yr adain chwith a'r rhai oedd am ddyfodol democrataidd i'r wladwriaeth.

Ni lwyddodd y gwrthryfelwyr i sicrhau buddugoliaeth gyflym a phendant. Parhaodd mwyafrif uwch swyddogion y fyddin yn ffyddlon i'r Weriniaeth ac felly hefyd y mwyafrif o boblogaeth y wladwriaeth Sbaenaidd. Rhwygwyd Gwlad y Basg gan y gwrthryfel. Methodd lluoedd Franco yn Bizkaia a Gipuzkoa oherwydd bod Aguirre eisoes wedi sicrhau bod y *Guardia Civil* wedi cael ei ddileu cyn i'r gwrthryfel gychwyn, ond roedd Araba a Nafarroa yn fwy cefnogol i'r gwrthryfelwyr. Croesawyd y Cadfridog Emilio Mola, un o arweinwyr y gwrthryfel, a Franco gan y bobl pan gyraeddasant Iruñea.

Erbyn hyn roedd pethau'n symud yn gyflym yng Ngwlad y Basg ac yng ngweddill y wladwriaeth Sbaenaidd. Roedd y Gweriniaethwyr angen pob cefnogaeth yn erbyn y gwrthryfelwyr felly cynigiwyd deddf ymreolaeth i'r Basgiaid oedd yn rhoi elfen o hunanlywodraeth iddynt, er bod

Madrid wedi gwrthwynebu hyn dair blynedd ynghynt. Roedd Nafarroa dan reolaeth y gwrthryfelwyr, felly gwrthodwyd y cynnig yno, o drwch blewyn. Yn y tri rhanbarth arall, fodd bynnag, derbyniwyd y cynnig o 459,000 o bleidleisiau i 14,000. Ar 1 Hydref, 1936 cadarnhawyd y canlyniadau gan y wladwriaeth Sbaenaidd, ond ar yr un diwrnod datganodd y gwrthryfelwyr mai Franco oedd pennaeth y wladwriaeth.

Gwnaeth Aguirre hi'n berffaith glir mai cam cyntaf oedd derbyn y ddeddf gan nad oedd yn adfer y *fueros* yn llwyr. Ond datganodd hefyd y byddai cenedlaetholwyr Gwlad y Basg yn cefnogi'r Weriniaeth hyd nes y byddai'r ffasgwyr wedi eu trechu. Roedd llywodraeth Aguirre yn cynnwys, ochr yn ochr â'i genedlaetholwyr ef ei hun, y gweriniaethwyr Sbaenaidd, y sosialwyr a'r comiwnyddion.

## Llywodraeth Gwlad y Basg

Ar 7 Hydref, 1936, penodwyd llywodraeth Gwlad y Basg, hynny yw, i'r tri rhanbarth a oedd wedi derbyn hunanlywodraeth o fewn y wladwriaeth Sbaenaidd. Yn unfrydol penodwyd Aguirre yn *Lehendakari* (arlywydd) ac roedd hynny'n cynnwys cefnogaeth Plaid Sosialaidd Gweithwyr Sbaen a'r Ffrynt Poblogaidd. Cymerodd Aguirre ei lw yn Euskara dan y dderwen yn Gernika.

Ond rhaid cofio mai cyfnod o ryfel cartref oedd hwn yn hanes y wladwriaeth Sbaenaidd. Y diwrnod cyn y seremoni yn Gernika rhaid oedd i'r llywodraeth newydd gyrraedd y dref yn y dirgel oherwydd bod ffasgwyr arfog y tu allan i Bilbo. Yn ystod y seremoni rhaid oedd cael gwyliwr mewn twr rhag ofn ymosodiad. Yng nghanol berw rhyfel cartref y wladwriaeth Sbaenaidd naw mis yn unig fu oes y llywodraeth newydd.

Golygai hynny, fodd bynnag, i'r llywodraeth ennill ei lle

yng nghalon y genedl. Roedd y rhesymau dros hynny'n amlwg. Yn y lle cyntaf roedd Aguirre yn ifanc iawn, yn 32 mlwydd oed ac yn ennyn edmygedd. Roedd hefyd yn cael ei barchu gan holl aelodau'r llywodraeth. Yn ymarferol, gan i'r llywodraeth gael ei dileu o fewn naw mis, ni chafodd gyfle i wneud unrhyw benderfyniadau amhoblogaidd.

Roedd gan y llywodraeth newydd weledigaeth glir o'r cychwyn cyntaf. Rhaid cadw mewn cof fod Gwlad y Basg wedi'i hynysu oddi wrth weddill y lluoedd arfog gweriniaethol a frwydrai yn erbyn lluoedd Franco, ond gweithredodd llywodraeth Gwlad y Basg yn syth fel gwladwriaeth annibynnol. Cyhoeddwyd mai'r *ikurriña*, sef baner Gwlad y Basg, oedd y faner swyddogol a hynny am y tro cyntaf yn ei hanes. Roedd ganddi ei harian bath ei hun, ei phasbort ei hun, sefydlodd ei barnwriaeth ei hun a sefydlwyd cysylltiadau â nifer o lywodraethau gwledydd tramor. Roedd gan y wladwriaeth newydd ei byddin ei hun a wrthodai dderbyn awdurdod y Gweriniaethwyr yn ganolog. Rhoddwyd lle amlwg i hybu'r iaith gyda pholisi newydd yn seiliedig ar syniadau Sabino Arana, felly dilëwyd geiriau a llythrennau Lladin, gyda 'ch' yn dod yn 'tx' a 'v' yn dod yn 'b', er enghraifft. Sefydlwyd Cymdeithas Ysgolion Basg a chyfundrefnau cyffelyb ar gyfer athrawon a myfyrwyr. Sefydlwyd Prifysgol Basg ganddynt. Sefydlwyd gweisg ar gyfer cyhoeddi llyfrau'r cenedlaetholwyr. Bu'r llywodraeth hefyd yn hybu'r amrywiol weithgareddau diwylliannol hynny a oedd wedi eu hatgyfodi yn ystod Dadeni'r Basgiaid.

Cam pwysig newydd yn hanes y Basgiaid oedd sefydlu heddlu Basgaidd, yn dwyn yr enw *Ertzantza*. Roedd angen heddlu ar y Basgiaid i gadw trefn mewn gwlad a oedd o fewn ffiniau gwladwriaeth yng nghanol rhyfel cartref. Roedd y gŵr a oedd yn gyfrifol am yr heddlu newydd; y gweinidog cartref, Telesforo de Monzón; yn gymeriad unigryw. Roedd yn aristocrat ac wedi bod yn aelod o'r *Cortes* (senedd y wladwriaeth Sbaenaidd) ym Madrid yn enw Plaid Genedlaethol y Basgiaid. I'r rhai a wrthwynebai genedlaetholdeb y Basgiaid roedd Monzón yn cynrychioli popeth yr oeddynt yn ei gasáu. Roedd ganddo deitl Castilaidd, tiroedd helaeth, roedd o gefndir hollol fonheddig ac eto roedd yn genedlaetholwr i'r carn. Dan ei arweiniad ef sefydlwyd yr heddlu newydd o fewn byr amser. Recriwtiwyd bocswyr, chwaraewyr pelota ac athletwyr o deuluoedd cenedlaetholgar. Hwn oedd yr heddlu cyntaf yn y wladwriaeth Sbaenaidd i fod â llu modur oedd yn cynnwys beiciau modur. Roeddynt yn cadw mewn cysylltiad drwy radio ac roeddynt yn arbennig o effeithiol adeg y rhyfel oherwydd fe allent wrando ar negeseuon y gelyn a throsglwyddo gorchmynion i'r ffrynt yn gyflym.

## Y rhyfel yng Ngwlad y Basg

Bwriad llywodraeth y Basgiaid o'r cychwyn cyntaf oedd diogelu cyfreithlondeb y Weriniaeth. Dyna agwedd mwyafrif y Basgiaid eu hunain beth bynnag eu hamrywiol ddaliadau gwleidyddol: roedd rhai am hybu achos cenedlaetholdeb Gwlad y Basg, rhai am hybu sosialaeth ac achos y dosbarth gweithiol ac eraill am ddiogelu hawliau gweriniaethol. Am y rhesymau hyn felly yr ymunodd niferoedd mawrion o Fasgiaid â'r milwyr hynny a frwydrai yn erbyn Franco a'i gynghreiriaid. Er mwyn atal Nafarroa rhag ymuno ag ochr gweddill Gwlad y Basg, cafwyd ymdrech fwriadol a gwaedlyd i'w rheoli gan Franco. Cafodd dros 3,000 o ddinasyddion Nafarroa eu dienyddio (nifer llawer uwch na'r hyn a oedd yn wir mewn nifer o ranbarthau eraill). Gorfodwyd pobl i ymuno â byddin Franco, treisiwyd merched a gorfodwyd rhai i droi'n alltud. Ffodd nifer ohonynt i ymladd yn erbyn lluoedd Franco yn Bizkaia a Gipuzkoa.

Roedd agwedd y wladwriaeth Ffrengig tuag at y rhyfel

cartref yn y wladwriaeth Sbaenaidd yn nodweddiadol. Roedd y chwith yn cydymdeimlo â'r gweriniaethwyr, y dde yn cefnogi Franco. Ond ni roddwyd unrhyw ystyriaeth ganddynt i anghenion y Basgiaid fel cenedl.

Erbyn hydref 1937 nid oedd ymgyrch y Cadfridog Francisco Franco a'r gwrthryfelwyr yn ymddangos fel pe bai am lwyddo. Nid oedd yn amhosibl i'r gwrthryfelwyr gyrraedd cytundeb â'r Basgiaid pe baent yn dymuno hynny. Wedi'r cyfan, i nifer o'r Basgiaid, rhyfel estron oedd y rhyfel cartref, rhyfel i weddill y wladwriaeth Sbaenaidd. Iddynt hwy roedd gwleidyddiaeth unrhyw lywodraeth ym Madrid yn amherthnasol.

Ond roedd eu gelyn hefyd yn benderfynol. Roedd Franco, arweinydd y gwrthryfelwyr, yn genedlaetholwr Sbaenaidd i'r carn ac roedd *El Desastre* yn ei boenydio. Felly pan awgrymodd y Babaeth wrth Franco yn Hydref 1937 y dylid cyrraedd cytundeb efo'r Basgiaid gan eu bod yn Babyddion da, gwrthododd Franco. Yr unig ateb i'r broblem, yn ei farn ef, oedd dinistrio cenedlaetholwyr Basgaidd yn llwyr ond i wneud hynny roedd angen cymorth. Diolch i gefnogaeth Adolf Hitler a'r Natsïaid, roedd llu arfog modern yn ymladd ar ochr Franco, gydag awyrennau bomio, awyrennau ymosod a 12,000 o filwyr ychwanegol gyda chefnogaeth tanciau.

Ni fyddai'r frwydr rhwng lluoedd y Basgiaid a lluoedd Franco yn un deg. Ar ochr Franco roedd byddin y wladwriaeth Sbaenaidd, y llu Almaenig modern, milwyr Eidalaidd yr unben Benito Mussolini ac unedau milwrol o Nafarroa. Yn eu gwrthwynebu roedd milisia o ddynion cyffredin, y mwyafrif ohonynt gyda dryll llaw yn unig ac er bod ganddynt fomiau llaw nid oedd eu diwydiant arfau yn cynhyrchu bomiau sylweddol. Nid oedd 'milwyr' y Basgiaid wedi eu hyfforddi o gwbl. Er bod y lluoedd o wirfoddolwyr a wrthwynebai Franco ar draws y wladwriaeth Sbaenaidd, megis y Brigadau Rhyngwladol, yn dod o amrywiol wledydd oherwydd eu cefnogaeth i achos y chwith – Cymru yn eu plith – nid oeddynt yn lluoedd proffesiynol ac nid Gwlad y Basg oedd canolbwynt eu hymdrechion.

Erbyn diwedd Mawrth 1937, fe wyddai trigolion Gwlad y Basg beth oedd y rhyfel newydd. Lansiwyd ymosodiad bropaganda gan luoedd Franco, gyda miloedd o daflenni yn cael eu gollwng o awyrennau ar Bizkaia yn bygwth dinistrio popeth os na fyddai'r boblogaeth yn ildio. Penderfynodd Franco ymosod ar Bizkaia a'r targed cyntaf oedd tref hynafol Durango. Ymosodwyd yn ddirybudd ar y dref gyda magnelau ac awyrennau, a hynny yn gynnar yn y bore tra oedd y trigolion yng ngwasanaeth yr offeren. O fewn hanner awr roedd y dref wedi ei dinistrio a dros bum cant a hanner o bobl wedi marw. Dyma'r ymosodiad cyntaf o'r awyr yn hanes y byd ar ddinasyddion cyffredin nad oeddynt yn arfog. Parhau oedd y frwydr bropaganda – honnai Franco mai'r Comiwnyddion oedd yn gyfrifol am y gyflafan.

Araf iawn fu lluoedd y gwrthryfelwyr yn symud. Nid oedd y Castiliaid na'r Almaenwyr wedi sylweddoli bod gan y Basgiaid hanes hir o frwydro i gadw eu tiroedd. Yn Donostia, pan ymosododd lluoedd yr Eidal o'r awyr ac o'r môr, gan fynnu bod y ddinas yn ildio, aeth y Basgwyr ati i gymryd y rhai cefnog hynny a oedd yn gefnogol i'r ffasgwyr yn wystlon. Llwyddodd hyn i achub y ddinas. Mewn achos arall, ymateb y Basgiaid i ymosodiad o'r awyr oedd gollwng cerrig ar y gelyn! Roedd y Basgiaid, wedi'r cyfan, yn arbenigwyr ar ymladd gerila. Yn wyneb nerth y lluoedd yn eu herbyn yr oll y gallai'r Basgiaid ei wneud oedd ildio tir i'r gelyn, ond rhaid oedd i'r gelyn ymladd yn galed am bob troedfedd o'r tir hwnnw.

Wedi bomio Durango dinistriwyd tref ar ôl tref a phentref ar ôl phentref. Un o'r rhesymau dros fomio pobl gyffredin o'r awyr oedd cred yr Almaenwyr y byddai'n torri ysbryd y bobl. Ond Basgiaid oedd y rhain ac nid oedd torri ar eu hysbryd. Roedd Franco wedi credu y byddai wedi ennill o fewn dim, ond nid oedd y Basgiaid am ildio. Ar y tir roeddynt, gyda'u harfau syml, yn cael amser caled iawn yn erbyn magnelaeth a llu awyr y gwrthryfelwyr. Dechreuodd Franco a'i arweinwyr eraill drafod ymosod ar Bilbo neu dref arall gyda'r nod o ddysgu gwers i'r Basgiaid unwaith ac am byth drwy ddinistrio un dref yn gyfan gwbl. Gallai'r llu awyr, wedi'r cyfan, wneud fel y mynnai. Yn ardal Gernika roedd y Basgiaid yn ildio tir ac yn ceisio dianc gorau y gallent. Gobaith Franco oedd delio gyda hwy a hefyd sicrhau gweithred symbolaidd i ddangos ei oruchafiaeth dros y Basgiaid. Felly y bu i Franco a'r ffasgwyr Almaenaidd ac Eidalaidd gytuno i ymosod ar Gernika.

## Gernika

Dydd Llun, 26 Ebrill, 1937. Er bod llywodraeth y Basgiaid wedi atal marchnad wythnosol Gernika oherwydd y rhyfel roedd canol y dref yn brysur. Roedd y werin wledig yno i werthu eu cynnyrch ac roedd trigolion sawl ardal yno yn siopa. Hefyd roedd y dref ganoloesol yn llawn oherwydd i nifer o ffoaduriaid symud yno wedi i'w cartrefi gael eu dinistrio mewn rhannau eraill o Bizkaia. Y prynhawn hwnnw amcangyfrifir bod tua 10,000 o bobl yn y dref. Roedd tua 7,000 yn byw yn Gernika ond credir bod cymaint mwy yno oherwydd y farchnad ac oherwydd y ffoaduriaid. Am ugain munud wedi pedwar y prynhawn canodd cloch yr eglwys i rybuddio fod awyrennau i'w gweld. Cafodd digwyddiadau'r tair awr nesaf effaith andwyol nid yn unig ar drigolion Gernika ei hun ond ar Ewrop gyfan. Er mai cyflafan Durango, y cyfeiriwyd ato uchod, oedd yr ymosodiad cyntaf o'r awyr ar ddinasyddion cyffredin nad oeddynt yn arfog, yr ymosodiad ar Gernkia sy'n cael ei gydnabod un o ddigwyddiadau mwyaf arwyddocaol yr ugeinfed ganrif.

Y prynhawn hwnnw cyflwynodd Hitler a Mussolini lu awyr modern, newydd, brawychus. Ochr yn ochr â 23 o awyrennau *Junker* yr oedd pedair *Heinkel* 111 (yr awyren newydd a oedd i ddisodli'r hen *Junker*), tair *Savoia-Marchetti* S81, deuddeg *Fiat* CR32 ac amryw awyrennau eraill. Gollyngwyd pob math o fomiau newydd erchyll gyda'r bwriad o gael yr effaith dinistriol mwyaf posibl. Wrth i'r trigolion redeg i bob cyfeiriad fe'u dilynwyd gan awyrennau ymosodol a saethodd atynt yn ddidrugaredd. Dro ar ôl tro, ymosododd yr awyrennau ar adeiladau ac ar bobl. Chwalwyd y mwyafrif o adeiladau'r dref yn llwyr. Yn ôl llywodraeth Gwlad y Basg lladdwyd 1,645 o bobl, ond roedd y dderwen yn dal i sefyll ac ni chwalwyd ysbryd y Basgiaid!

Wedi'r gyflafan bu brwydr bropaganda. Y rhai cyntaf i gyrraedd y dref oedd milwyr Franco. Ar y cychwyn dywedasant nad oedd dim wedi digwydd. Yna cafwyd cyfaddefiad fod tua 200 o bosibl wedi eu lladd. Hyd heddiw nid oes cofnod o'r hyn a ddarganfuwyd gan filwyr Franco – yn ffodus, fodd bynnag, roedd pedwar o newyddiadurwyr

*Murlun o ddarlun enwog Picasso, Guernica*

rhyngwladol yn yr ardal. Pan gyhoeddwyd eu hadroddiadau syfrdanwyd y byd. Roedd realiti natur rhyfel modern yr ugeinfed ganrif yno i bawb ei weld. Arweiniodd at un o weithiau celf pwysicaf yr ugeinfed ganrif drwy law Pablo Picasso, *Guernica*, sy'n amlygu effaith rhyfel ar bobl ddiniwed, ac sydd erbyn hyn wedi dod yn symbol o heddwch.

Ceisio gwadu'r digwyddiad wnaeth Franco, ond roedd digon o dystion i'w wrthbrofi. Ceisiodd Franco gynnig ateb arall: roedd y Basgiaid eu hunain wedi gosod deinameit ac wedi rhoi eu tref eu hunain ar dân. Trefnodd Franco ymweliadau â'r dref gan newyddiadurwyr o wledydd eraill, dan oruchwyliaeth, ond ni lwyddwyd i'w twyllo. Parhaodd llywodraeth Franco i wadu'r gyflafan am flynyddoedd, ond yn 1970 cafwyd cyfaddefiad gan ei lywodraeth fod Gernika wedi ei bomio o'r awyr. Rhaid oedd disgwyl tan 1998 cyn i'r wladwriaeth Almaenig ymddiheuro i'r Basgiaid. Nid yw llywodraeth y wladwriaeth Sbaenaidd erioed wedi ymddiheuro. Hyd heddiw, nid yw'r Basgiaid wedi cael yr hawl i weld cofnodion milwrol y digwyddiad.

### Bilbo yn disgyn

Yn wahanol i rannau eraill o'r wladwriaeth Sbaenaidd llwyddodd llywodraeth Gwlad y Basg i weithredu'n weddol effeithiol, a hynny yn hollol ddemocrataidd tan iddi ildio i Franco. Mewn gwrthgyferbyniad i'r tywallt gwaed diangen a fu mewn sawl rhan arall o'r wladwriaeth Sbaenaidd, derbyniodd llai na 30 o bobl y gosb eithaf dan lywodraeth Aguirre. Yr unig wladwriaethau estron a oedd yn barod i'w helpu yn y rhyfel oedd yr Undeb Sofietaidd a Mecsico. Fodd bynnag, yn dilyn Gernika, roedd llawer o gydymdeimlad â'r Basgiaid o gyfeiriad y wladwriaeth Brydeinig a'r wladwriaeth Ffrengig. Llwyddodd Aguirre, drwy gyfrwng yr Eglwys Babyddol, i sicrhau fod dros 20,000 o blant yn cael eu cludo i'r pedair gwladwriaeth uchod ac i wladwriaethau Denmarc, Belg a'r Swistir. Yng Nghymru, rhoddodd David Davies, Llandinam, y meistr glo, arian mawr at Gronfa Cymru i Blant y Basgiaid ac agorwyd Tŷ Cambria yng Nghaerllion i dderbyn ffoaduriaid o'r wlad. Cafodd cartrefi eraill eu hagor hefyd mewn sawl rhan o Gymru gan gynnwys Abertawe, Hen Golwyn a Brechfa. Cafodd y plant help gan gymunedau Sbaenaidd traddodiadol Aber-craf a Dowlais ym Merthyr. Roedd ganddynt eu cylchgrawn eu hunain, a werthwyd i'r Cymry, a thîm pêl-droed llwyddiannus iawn – y *Basque Boys' Wonder Team*. Bu'r cymunedau lleol yn eu tywys ar deithiau ac yn rhoi mynediad i'r sinema am ddim iddynt. Er i'r mwyafrif ohonynt fynd yn ôl i Wlad y Basg erbyn 1941, arhosodd rhai yng Nghymru.

Yn ogystal â rhoi cymorth i'r plant, bu nifer o unigolion a sefydliadau yng Nghymru, ac mewn rhannau eraill o'r wladwriaeth Brydeinig, yn cydweithio i gasglu bwyd, nwyddau meddygol a nwyddau cyffredinol i'w hanfon i Bilbo. Llwyddwyd i logi llong, y *Backworth*, o Newcastle i'r perwyl hwn. Cymaint oedd y gefnogaeth i'r Basgiaid fel y datganodd Lloyd George yn gyhoeddus ei fod ef ei hun yn 'Fasg'.

Ond yr hyn yr oedd y Basgiaid ei angen fwyaf oedd cymorth milwrol. Tra bod gwladwriaethau Mecsico a'r Undeb Sofietaidd yn barod i anfon arfau, nid oedd yn bosibl iddynt gyrraedd Bilbo. Nid oedd y wladwriaeth Brydeinig na'r wladwriaeth Ffrengig yn barod i roi cymorth milwrol. Nid oedd y Ffrancwyr, er enghraifft, am i awyrennau o Barcelona lanio ar eu tir nhw er mai ar eu ffordd i amddiffyn Bilbo yr oeddynt – tra bod awyrennau lluoedd Franco yn ymosod ar y ddinas yn ddyddiol.

Roedd Bilbo dan warchae. Roedd y ddinas hefyd yn orlawn oherwydd ffoaduriaid. Yn ogystal â Durango a Gernika cafodd nifer o drefi eraill eu dinistrio'n llwyr, a mwyafrif y rhai a oroesodd wedi dianc i Bilbo. Roedd prinder bwyd yn broblem enfawr a bu'n rhaid cyflwyno dogni. Roedd dogn deg diwrnod i bob person yn cynnwys pwys o reis, pwys o ffacbys, pwys o lysiau a hanner pwys o olew coginio.

Ar 6 Ebrill, 1937, cyhoeddodd Franco y byddai'n rhwystro bwyd rhag cyrraedd Gwlad y Basg. Ei obaith oedd gorfodi'r Basgiaid i ildio. Rhoddodd y newyddion am orchymyn Franco sioc i bobl y wladwriaeth Brydeinig; serch hynny, gorchmynnodd llywodraeth y wladwriaeth Brydeinig unrhyw longau a oedd o fewn 100 milltir i Bilbo i droi am borthladdoedd yng ngogledd Gwlad y Basg, oedd o fewn ffiniau'r wladwriaeth Ffrengig, megis Donibane-Lohizune, yn lle mynd ymlaen i Bilbo. O fewn rhai dyddiau roedd nifer o longau a oedd ar eu ffordd i'r wladwriaeth Sbaenaidd ac i dde Gwlad y Basg ym mhorthladdoedd Donibane-Lohizune a Baiona yn y gogledd. Cafwyd ymgais aflwyddiannus i dorri'r gwarchae gan 'Potato' Jones, sef y Capten David John Jones o Abertawe yn ei long, *Marie Llewellyn*, a gariai lwyth o datws (ond a oedd hefyd, o bosib, yn cludo arfau). Er ei fethiant llwyddodd ei ymdrech i ennyn cryn sylw ac edmygedd, er nad oes sicrwydd i ba borthladd yn y wladwriaeth Sbaenaidd y bwriadai hwylio.

Rhoddodd ei ymgais hwb i lywodraeth y Basgiaid. Fe sylweddolent hwy'r peryglon i'r llongau a'u criwiau, ond cynigiwyd bonws ganddynt i'r llongau hynny a oedd yn disgwyl yn Donibane-Lohizune a Baiona gan fod y Basgiaid ar fin llwgu erbyn hyn. Roedd Franco'n hyderus na fyddai neb yn ceisio torri'r gwarchae, ond rhoddodd y Basgiaid sicrwydd i'r llongau y byddent yn gallu eu hamddiffyn o fewn tair milltir i Bilbo, ac nad oedd ffrwydron ar y môr yn broblem yno. Nos Lun, 19 Ebrill, hwyliodd y *Seven Seas Spray*, llong arall o Gymru, dan y Capten Roberts o Gernyw, allan o Donibane-Lohizune heb ddatgan ei bwriadau wrth neb. Pan gyrhaeddodd y llong Bilbo gyda'i chargo o fwyd fe'i croesawyd gan ddegau o filoedd o bobl.

Roedd ymddangosiad y llong yn Bilbo yn sioc i lywodraeth y wladwriaeth Brydeinig ac i Franco gan iddi lwyddo i dorri'r gwarchae mor rhwydd. Ond er i luoedd Franco fod yn fwy gwyliadwrus cyrhaeddodd llawer mwy o longau'r porthladd, gan gynnwys nifer o longau o Gymru. Yr wythfed long i gyrraedd Bilbo ar yr wythfed diwrnod oedd y *Backworth*, a chafwyd croeso twymgalon iddi gan ei bod yn cario cargo o fwyd a nwyddau meddygol.

Bu un digwyddiad anffodus yn y ddinas yn Ionawr 1937. Roedd lluoedd Hitler wedi ymosod ar y ddinas ac ymateb y dorf oedd ymosod ar y carchardai oedd yn dal carcharorion rhyfel oedd yn bleidiol i Franco. Er mwyn osgoi gwrthdaro rhwng y dorf a'r heddlu Basgaidd anfonwyd heddlu'r Undeb Llafur Sosialaidd (UGT) i'w hatal. Ond cytgordio'r ymosodiad a wnaethant hwy. Lladdwyd dros 200 o garcharorion rhyfel cyn i'r heddlu Basgaidd ymddangos. Ymateb Aguirre oedd rhoi'r gosb eithaf i chwech o swyddogion yr UGT – wedi hynny, nid oedd Aguirre yn barod i gadw carcharorion a gweithiodd yn rheolaidd ochr yn ochr â'r Groes Goch i ryddhau a chyfnewid carcharorion.

Parhau wnaeth yr ymosodiad ar Bilbo, ac er mwyn ei hamddiffyn adeiladwyd yr hyn a elwid yn 'gylch haearn' o amgylch y ddinas. Bu 15,000 o ddynion yn gweithio'n ddibaid i amgylchynu Bilbo ag amddiffynfeydd a oedd yn gyfanswm o 124 o filltiroedd o hyd. Cloddiwyd ffosydd a gosodwyd gwifrau pigog ym mhob man. Cliriwyd fforestydd er mwyn sicrhau bod y gelyn o fewn golwg bob amser. Roedd y Basgiaid, unwaith yn rhagor, yn brwydro i amddiffyn pob troedfedd o'u tir a chredent na fyddai lluoedd Franco yn gallu torri'r 'cylch haearn'.

Ond bradychwyd y Basgiaid. Penderfynodd y Capten Alejandro Goicoechea, a oedd wedi adeiladu'r 'cylch haearn', gefnogi Franco. Gyda'r ymosodiadau gan fagnelaeth a'r llu awyr yn dwysáu roedd amddiffynwyr y ddinas dan bwysau enfawr. Gan eu bod yn ofni ymosodiad tebyg i'r un a gafwyd ar Gernika enciliodd milwyr y Basgiaid. Wedi ymgyrch milwrol o dri mis daeth Bilbo i ddwylo Franco yn ddiwrthwynebiad ym Mehefin 1937.

## Diwedd y rhyfel

Yn dilyn cwymp Bilbo ffodd miloedd ar filoedd o bobl i drefi a dinasoedd ar hyd gogledd y wladwriaeth Sbaenaidd. Oddi yno llwyddodd miloedd i ffoi dramor a chroesawyd nifer o'r ffoaduriaid i Gymru. Tra cludwyd nifer i ogledd Gwlad y Basg, yn y wladwriaeth Ffrengig, cafodd miloedd eu cludo i rannau eraill o'r wladwriaeth honno. Unwaith yn rhagor bu llongau Cymru'n chwarae eu rhan yn anrhydeddus. Mewn un digwyddiad llwyddodd y *Macgregor* dan y Capten Owen 'Corn Cob' Jones i ddianc o Santander gyda 2,000 o ffoaduriaid a hynny er i un o ddistrywlongau Franco geisio ei rwystro drwy saethu ato.

Parhau i ymladd wnaeth y Basgiaid. Roedd nifer ohonynt wedi eu gwthio allan o'u gwlad i Asturias yng ngogledd Sbaen. O fewn Gwlad y Basg ei hun arestiwyd tua 16,000 o bobl yr oedd lluoedd Franco yn eu hamau o fod yn genedlaetholwyr Basgaidd. Cafodd tua 1,000 ohonynt eu dienyddio, gan gynnwys y bardd Lauaxeta ac 11 o offeiriaid. Ildiodd llywodraeth Gwlad y Basg ar 26 Awst, 1937.

O ganlyniad i'r rhyfel yng Ngwlad y Basg bu farw 50,000 o bobl, cafodd 10,000 eu carcharu a throdd 150,000 yn alltudion. Aeth Aguirre a nifer o filwyr y Basgiaid i ymladd yn erbyn lluoedd Franco yng Nghatalunya cyn, yn derfynol, ffoi i'r wladwriaeth Ffrengig. Nid oedd y frwydr dros achos Gwlad y Basg drosodd.

# V

# Dyddiau Caethiwed:
# 1937-1975

*Y frwydr yn erbyn Ffasgaeth 1937-45*

*1937-1939*

Ildiodd llywodraeth y Basgiaid i Franco ar 26 Awst, 1937. O fewn dim dienyddiwyd cannoedd o Fasgiaid ganddo. Ffodd rhai miloedd i ogledd Gwlad y Basg, yn y wladwriaeth Ffrengig, i rannau eraill o'r wladwriaeth Sbaenaidd nad oeddynt yn nwylo Franco, a thramor. Fe wynebai'r Basgiaid a oedd dan reolaeth Franco brinder bwyd difrifol.

Un o gamau cyntaf Franco wedi iddo drechu'r Basgiaid yn 1937 oedd atal defnydd o'r iaith. Gorchmynnwyd i bawb 'siarad Cristion', sef Castileg. Ymosodwyd ar hawliau'r Basgiaid. Collodd Bizkaia a Gipuzkoa eu holl hawliau annibynnol ond cadwodd Nafarroa rhai hawliau dros faterion ariannol. Bu nifer o Fasgiaid cyffredin yn parhau i ymladd mewn rhannau eraill o'r wladwriaeth Sbaenaidd tan ddiwedd rhyfel cartref y wladwriaeth honno yn 1939.

Ond nid oedd llywodraeth y Basgiaid wedi rhoi'r ffidil yn y to. Aeth Aguirre a Telesforo de Monzón i Miarritze, yng ngogledd Gwlad y Basg. Nid llywodraeth Gwlad y Basg mohonynt mwyach, ond y llywodraeth alltud. Cydnabyddwyd hwy gan yr Unol Daleithiau, y wladwriaeth Brydeinig a'r wladwriaeth Ffrengig. Symudwyd gweddillion Sabino Arana o'i fedd yn Sukarrieta (Ca. Pedernales) i Zalla rhag iddo ddisgyn i ddwylo Franco. Arweinwyr Plaid Genedlaethol y Basgiaid oedd yr unig rai a wyddai'r lleoliad newydd. Ond os mai gobaith llywodraeth y Basgiaid oedd parhau â'r frwydr dros annibyniaeth o ogledd Gwlad y Basg yna roedd ymosodiad Hitler ar y wladwriaeth Ffrengig yn newid popeth. Ffodd Aguirre a gweddill y llywodraeth i'r Unol Daleithiau.

## Yr Ail Ryfel Byd

Erbyn 1939 amcangyfrifwyd fod dros 150,000 o Fasgiaid wedi ffoi o dde Gwlad y Basg a miloedd o blant wedi eu hanfon i ddiogelwch ar draws Ewrop. Yn anffodus, bu llwyddiant Hitler dros y wladwriaeth Ffrengig yn golygu fod mwyafrif y ffoaduriaid hynny yn awr dan reolaeth uniongyrchol y Natsïaid neu o dan awdurdod llywodraeth wasaidd Vichy. Bu i nifer o'r Basgiaid gael eu dal mewn carchar-wersylloedd, ond daeth presenoldeb cymaint o Fasgiaid mewn cymaint o wahanol ganolfannau ar hyd a lled Ewrop ag un fantais i lywodraeth alltud y Basgiaid. Nid yn unig yr oeddynt yn cydweithio gydag amryw asiantaethau cymorth rhyngwladol ond roeddynt hefyd mewn cysylltiad ag asiantaethau gwybodaeth y Cynghreiriaid.

Nid oedd gan y Natsïaid lawer o ddiddordeb mewn ymosod ar genedlaetholwyr o Fasgiaid. Aethent cyn belled â chynnig ysgoloriaethau ym mhrifysgol München (Munich) i Fasgiaid er mwyn iddynt gael ymchwilio i hanes eu hil. Er i rai dderbyn y cynnig nid oedd llawer o Fasgiaid yr oes fodern am anghofio Gernika! Yn hytrach, rhoddodd llywodraeth alltud y Basgiaid eu gwasanaeth i luoedd y Cynghreiriaid. Yn Llundain llwyddodd Manuel de Irujo, Basg o Nafarroa a oedd wedi gweithredu fel gweinidog cyfiawnder yn yr Ail Weriniaeth, i arwyddo cytundeb gyda'r wladwriaeth Brydeinig i greu uned filwrol Fasgaidd. Cafwyd cytundeb hefyd â Charles de Gaulle, arweinydd y Ffrancwyr Rhydd, a olygai y byddai'r arweinydd Ffrengig, yn 1945, yn addo y byddai'r frwydr yn erbyn Ffasgaeth yn cynnwys cael gwared â Franco.

Roedd gan y Basgiaid un rhan bwysig iawn i'w chwarae ym muddugoliaeth y Cynghreiriaid yn yr Ail Ryfel Byd – roedd eu tiroedd o fewn ffiniau'r gwladwriaethau Ffrengig a Sbaenaidd. Ond cymhlethwyd y sefyllfa ymhellach yn ystod y rhyfel. Nid oedd y wladwriaeth Ffrengig gyfan dan reolaeth y Natsïaid. Roedd y rhan fwyaf o'r de a'r de ddwyrain yn cael ei llywodraethu o Vichy, gan lywodraeth wasaidd y Natsïaid, a'r ffin rhwng tiroedd y Natsïaid a thiroedd Vichy yn torri drwy ogledd Gwlad y Basg. Tra bod milwyr y gwladwriaethau Ffrengig, Sbaenaidd a Natsïaidd yn gwylio'r cymoedd roedd y Basgiaid yn adnabod y llwybrau anghysbell. Golygai hyn gyfle iddynt chwarae rhan allweddol ym mrwydr ehangach y Cynghreiriaid i drechu Ffasgaeth ar draws Ewrop.

Roedd rhai o'r Fflemiaid o wladwriaeth Belg wedi cychwyn llwybr arbennig i sicrhau bod peilotiaid y Cynghreiriaid a saethwyd i lawr dros ogledd Ewrop yn gallu dychwelyd i'r wladwriaeth Brydeinig. Hwn oedd *Operation Comet* neu, yng ngeiriau'r *resistance, la ligne*. Fel arfer roedd y peilotiaid yn gadael Brwsel ar drên gydag asiant benywaidd ac yn teithio i Donibane-Lohizune neu Baiona yng ngogledd Gwlad y Basg. Roedd y dref yn fwrlwm o weithgareddau *resistance* gyda'r sosialwyr, y comiwnyddion, yr undebau llafur, lluoedd 'Ffrainc rydd' Charles de Gaulle, ysbïwyr yr Unol Daleithiau, Plaid Genedlaethol y Basgiaid a'r llywodraeth alltud i gyd yn weithgar.

Rhan nesaf taith y peilotiaid oedd croesi'r ffin rhwng y wladwriaeth Ffrengig a'r wladwriaeth Sbaenaidd. Yn awr rhaid oedd dibynnu ar allu dynion fel Florentino Goikoetxea, cyn smyglwr a oedd yn adnabod y tirwedd i'r dim. Byddai ef yn arwain y peilotiaid yn y tywyllwch gan ddringo dros 1,500 o droedfeddi at y ffin rhwng y ddwy wladwriaeth ac yna dilyn y llwybr i lawr yr ochr arall. Wedi dilyn y 'llwybrau' hyn am oriau byddai'r peilotiaid yn cyrraedd yr ochr arall mewn man a oedd ychydig funudau o'r man lle y cychwynnwyd eu taith – pe baent wedi gallu dilyn y briffordd. Diwedd y daith yng Ngwlad y Basg oedd swyddfa is-gennad y wladwriaeth Brydeinig yn Bilbo. Yn ystod yr Ail Ryfel Byd llwyddodd Florentino Goikoetxea yn bersonol i arwain 227 o beilotiaid i ddiogelwch. Rhwng Mai 1941 a haf 1944 llwyddodd dros 1,700 asiant i helpu dros 700 o beilotiaid i ddianc.

Roedd y Basgiaid, fel y rhai a oedd yn gweithio i'r *resistance*, yn ymwybodol o'r peryglon a wynebent. Cafodd y Gestapo rai llwyddiannau yn eu herbyn a marwolaeth fu tynged nifer o'r rhai a arestiwyd. Ond ni ellid trechu ysbryd y Basg. Iddynt hwy, rhan o'r frwydr barhaol dros eu rhyddid oedd y rhyfel Ewropeaidd a byd eang hwn. Roedd Aguirre, a'r Basgiaid yn gyffredinol, yn rhoi eu ffydd yn yr Unol Daleithiau a'r disgwyl y byddai'r Ewrop wedi'r rhyfel yn un gwell i'r cenhedloedd bychain. Felly bu uned o filwyr Basgaidd yn Normandi ar *D-Day*. Roedd unedau o Fasgiaid yn brwydro ochr yn ochr â milwyr y Cynghreiriaid, ac yn rhan o'r lluoedd a ryddhaodd Paris. Mynasant fod baner Gwlad y Basg yn hedfan gyda baneri'r pwerau eraill pan orymdeithiodd de Gaulle i'r brifddinas. Roeddynt hefyd yn ymladd gyda mudiad *resistance* y Ffrancwyr ac mewn grwpiau gerila eu hunain yn y Pyreneau.

Roedd Aguirre yn awyddus iawn i gael uned filwrol i Blaid Genedlaethol y Basgiaid. Sefydlwyd bataliwn o 200 o ddynion dan arweiniad Kepa Ordoki – saer maen yn wreiddiol, a fu'n ymladd yn y rhyfel i amddiffyn llywodraeth Gwlad y Basg rhag Franco. Bu'n bennaeth ar y bataliwn a oedd yn amddiffyn Bilbo. Fe'i carcharwyd yng ngogledd Gwlad y Basg ond llwyddodd i ddianc a daeth yn arbenigwr ar *sabotage*. Cafodd ei ddal gan luoedd Hitler, ei arteithio a'i ddedfrydu i farwolaeth – cyn llwyddo i ddianc am yr eilwaith. Roedd mwyafrif aelodau'r llu newydd a sefydlwyd oddi tano ef, y *Gernika Batalloa*, fel Ordoki ei hun yn filwyr profiadol yn y rhyfel dros annibyniaeth. Cyn ymladd unrhyw frwydr byddent yn cynnal yr offeren, ac ar eu ffordd i ymladd byddent yn canu '*Eusko gudariak gara*' ('Ni yw'r Ymladdwyr Basgaidd') ac yn chwifio'r *ikurriña* .

Chwaraeodd y bataliwn newydd ran bwysig yn y rhyfel yn erbyn Hitler. Bu'r Cynghreiriaid yn brwydro yn erbyn y lluoedd Natsïaidd yng ngogledd y wladwriaeth Ffrengig ac roedd y *Gernika Batalloa*, mudiad *resistance* y Ffrancwyr a gwirfoddolwyr o Foroco yn ymladd yn ne'r wladwriaeth Ffrengig, gan gynnwys gogledd Gwlad y Basg. Erbyn Ebrill 1945 roedd y lluoedd gwrth-Natsïaidd wedi trechu'u gelyn yn y de-orllewin, a'r Basgiaid yn flaenllaw yn y fuddugoliaeth. Cymaint oedd gwerthfawrogiad y wladwriaeth Ffrengig rydd fel y bu iddynt roi'r *Croix de Guerre* i filwyr y *Gernika Batalloa*. Gwrthodwyd yr anrhydedd gan y milwyr; yn hytrach, mynasant fod yr anrhydedd yn cael ei roi i faner eu gwlad.

### Brad y Cynghreiriaid

Tra gwelodd gogledd Gwlad y Basg frwydro yn erbyn Natsïaeth roedd y de yn nwylo Franco. Gyda'r rhyfel yn Ewrop ar fin gorffen gobaith y Basgiaid oedd y byddai Franco yn cael ei ddymchwel gyda chymorth neu gefnogaeth y pwerau mawrion.

Dychwelodd llywodraeth y Basgiaid i Ewrop; i Baiona yng ngogledd eu gwlad. Aethpwyd ati i ad-drefnu'r cabinet fel paratoad ar gyfer dymchwel Franco. Yn 1945 arwyddwyd Cytundeb Baiona gan yr holl rymoedd hynny a oedd wedi brwydro dros ddemocratiaeth i Wlad y Basg. Roedd y rhain yn cynnwys Plaid Genedlaethol y Basgiaid, Plaid y

Weriniaeth Ffederal a Phlaid Gomiwnyddol Gwlad y Basg. Byddai'n anodd iawn i'r fath amrywiaeth o grwpiau gadw unrhyw elfen o undod yn y tymor hir. Er hynny, roedd diwedd 1945 yn gyfnod cyffrous a gobeithiol i'r Basgiaid ac roedd eu lluoedd yn byddino ar hyd y Pyreneau yn disgwyl y gorchymyn i adennill y tiroedd a gollwyd yn 1937.

Bu hyfforddwyr milwrol o'r Unol Daleithiau yn gweithio gyda lluoedd y Basgiaid yn 1945 ac 1946. O fewn de Gwlad y Basg roedd baneri'r wlad yn ymddangos ar gofebion cyhoeddus a sloganau gwleidyddol yn Euskara yn cael eu paentio ar furiau. Ond er nad oedd gan y pwerau mawrion ddim i'w ddweud wrth Franco a'i lywodraeth, ar ddiwedd rhyfel erchyll nid oedd ganddynt stumog am ryfel arall. Erbyn 1947 nid oedd gan lywodraeth y Basgiaid y modd ariannol i gynnal llu arfog.

Fodd bynnag, roedd ffyrdd eraill o gadw'r pwysau ar Franco. Yn 1947 galwodd y llywodraeth alltud am ddathlu'r Diwrnod Cenedlaethol yn Bilbo ar 6 Ebrill. Daeth rhai miloedd o bobl ynghyd. Yn y cyfamser, yn Donostia, torrwyd ar draws radio Sbaenaidd a chafwyd araith yn Euskara gan José Antonio Aguirre. Bu cyfanswm o dros 60,000 o weithwyr ar streic ar hyd a lled Bizkaia a Gipuzkoa. Yn Bizkaia gorchmynnodd Llywodraethwr Sifil y Wladwriaeth Sbaenaidd i'r lluoedd diogelwch feddiannu'r ffatrïoedd a charcharu tua 6,000 o weithwyr. Llwyddwyd i ledaenu'r newyddion i weddill y byd er mwyn dangos maint y gwrthwynebiad i Franco a'r gefnogaeth i ddyfodol democrataidd i'r Basgiaid.

Mae'n ymddangos y gallasai Franco fod wedi cael ei ddymchwel heb bwysau diplomyddol gan fod ei wladwriaeth, wedi'r rhyfel, heb gyfeillion rhyngwladol. Yn fewnol roedd y wladwriaeth Sbaenaidd yn dlawd iawn. Mewn sawl ardal, gan gynnwys Gwlad y Basg, bu gwrthdaro diwydiannol; gyda'r undebau llafur yn galw am streicio.

Achubwyd Franco gan y Rhyfel Oer — roedd Franco yn wrth-gomiwnyddol ac yn awr dechreuodd yr Unol Daleithiau ei gefnogi ef. Ar ddiwedd 1947 cododd y Cenhedloedd Unedig y sancsiynau yn erbyn Franco, oedd wedi bod mewn grym ers diwedd y rhyfel, a datganodd cynrychiolydd yr Unol Daleithiau ei gefnogaeth iddo.

Erbyn 1950 roedd yr Unol Daleithiau yn rhoi cymorth ariannol i lywodraeth unbenaethol Franco. Ar yr un pryd, anghofiodd y wladwriaeth Ffrengig ei dyled i'r Basgiaid, ac yn 1951 tynnodd llywodraeth Ffrainc statws diplomyddol llywodraeth Gwlad y Basg oddi wrthi gan ddychwelyd adeilad ei phencadlys i ddwylo llysgenhadaeth y wladwriaeth Sbaenaidd. Yn ne Gwlad y Basg cafwyd streic gyda dros 250,000 o weithwyr o amrywiol ddiwydiannau yn dangos eu dicter. Ymatebodd lluoedd Franco yn chwyrn a llwyddo i ddatgymalu nifer o gyfundrefnau Basgaidd. Er mwyn amddiffyn y byd cyfalafol rhag y comiwnyddion arwyddwyd cytundebau amddiffynnol rhwng yr Unol Daleithiau a'r wladwriaeth Sbaenaidd. Roedd yr Unol Daleithiau wedi torri'r boicot yr oedd y gwladwriaethau democrataidd wedi ei osod ar wladwriaeth Franco a derbyniodd yr Americanwyr yr hawl i sefydlu nifer o ganolfannau milwrol yn y wladwriaeth Sbaenaidd. Derbyniodd Franco gymorth ariannol. Canlyniad pwysicaf hyn oll oedd sicrhau goroesiad tymor hir llywodraeth Franco. Yn 1954 anrhydeddwyd Franco gan y Pab!

Bu'r wladwriaeth Ffrengig hithau'n siom i obeithion y Basgiaid. Wedi'r Ail Ryfel Byd roedd y wladwriaeth Ffrengig yn awyddus i lunio cyfansoddiad hollol newydd. Gwelodd Basgiaid yn y gogledd gyfle i alw am hunanlywodraeth i ogledd Gwlad y Basg, ac aeth y llenor a newyddiadurwr o Fasg, Marc Legasse, ati i ddrafftio statud hunanlywodraeth. Er i'r drafft gael ei gynnig i'r Comisiwn Cyfansoddiadol fe'i gwrthodwyd.

## Ymddangosiad ETA

Llwyddodd y cytundebau rhwng Franco a'r Unol Daleithiau i weddnewid agweddau nifer o'r Basgiaid. Credai Aguirre, oedd yn parhau yn *Lehendaraki* ond yn alltud, ac a oedd ei hun yn wrth-gomiwnyddol, fod realiti'r rhyfel oer yn golygu bod rhaid disgwyl am y cyfle i drechu Franco. I eraill, roedd yr Unol Daleithiau wedi bradychu achos y Basgiaid. Roedd nifer o Fasgiaid ifanc yn arbennig yn credu bod angen gweithredu mewn rhyw ffordd. Yn groes i Aguirre, nid oeddynt hwy am ddisgwyl.

Yn 1952 sefydlwyd grŵp cenedlaetholgar newydd, *Ekin* (Gweithrediad) gan nifer o bobl ifanc yn Bizkaia a Gipuzkoa a oedd am fywiogi'r mudiad dros annibyniaeth, ond fe'u siomwyd gan agweddau negyddol rhai o arweinwyr Plaid Genedlaethol y Basgiaid. Ystyriai aelodau cyntaf *Ekin* eu hunain yn ddeallusion, gan gyhoeddi cylchgrawn tanddaearol. Eu nod oedd cenedl Fasg annibynnol wedi ei derbyn yn gydradd ymhlith cenhedloedd y byd. Canolbwynt eu hymdrechion ar y cychwyn oedd hybu'r iaith.

Roedd y mudiad tanddaearol newydd hwn wedi ei drefnu'n gelloedd bychain. Fel arfer, byddai cell yn cynnwys dim mwy na thri unigolyn – y syniad oedd y byddai hynny'n ei gwneud yn anodd i'r *Guardia Civil* ymdreiddio i mewn i'r mudiad. Yn 1959 rhoddwyd enw newydd ar y mudiad, *Euskadi Ta Askatasuna* (Euskadi a Rhyddid), sef ETA. Gyda sefydlu ETA daeth cenedlaetholdeb y Basg yn fwy blaengar. Er bod manteision amlwg i'r drefn o weithio mewn celloedd, roedd gwendidau amlwg hefyd. Yn un peth roedd yn anodd iawn cadw trefn o fewn y gyfundrefn. Er iddynt gytuno i gyfarfod unwaith y flwyddyn ni fyddai hynny'n digwydd bob amser. Erbyn 1960 roedd gan ETA tua 200-250 o aelodau; megis cychwyn oedd ei hadain filwrol, fodd bynnag.

Adlewyrchwyd ymroddiad ETA i'r iaith Euskara yng

ngweithgareddau un o'i harweinwyr cynnar, y llenor José Luis Alvarez Emparanza. Yn 1957 cyhoeddodd ei nofel gyntaf yn Euskara gan ddefnyddio'r ffugenw Txillardegi. Roedd y nofel, *Leturiaren Egunkari Ezkutua* (Dyddiadur Cyfrinachol Leturia) yn garreg filltir yn hanes llenyddiaeth yr iaith. Hyd hynny roedd llenyddiaeth yn yr iaith wedi'i seilio ar hanes a thraddodiad a gorchestion y Basgiaid, ond roedd nofel Txillardegi yn trafod serch, tristwch, hunanladdiad; nofel yn iaith y Basg yn hytrach na 'nofel Fasgaidd' ydoedd.

Roedd aelodau ETA yn astudio mudiadau cenedlaethol o wledydd eraill a oedd wedi defnyddio dulliau arfog yn eu brwydrau dros annibyniaeth. Ar y cychwyn, fodd bynnag, paentio sloganau, difrodi cerfluniau a llosgi baner y wladwriaeth Sbaenaidd oedd maint eu trais; ond yn 1959 trefnwyd ffrwydradau ganddynt yn Bilbo, Gasteiz a Santander. Yn 1961 aethpwyd ati i drefnu bod trên a oedd yn cludo teithwyr i seremoni i gofio *coup* 1936 yn cael ei thynnu oddi ar y cledrau, gydag ymgais fwriadol i sicrhau na fyddai neb yn cael eu hanafu. Ymateb llywodraeth Franco oedd arestio dros 100 o Fasgiaid a'u harteithio —digwyddiad a ysgogodd nifer o weithredwyr milwriaethus Basg i ffoi i ogledd eu gwlad er mwyn osgoi'r heddlu. Arestiwyd pump o arweinwyr ETA, gan gynnwys José Luis Alvarez Emparanza, ac fe'u carcharwyd am gyfnod. Pan gawsant eu rhyddhau dihangodd yr arweinwyr i ogledd Gwlad y Basg hefyd. Roedd hyn yn gychwyn cam newydd yn hanes ETA.

Roedd datblygiad ETA yn codi cwestiynau ynglŷn â chyfeiriad cenedlaetholdeb y Basgiaid. Yn draddodiadol bu eu cenedlaetholdeb yn wrth-gomiwnyddol ond roedd comiwnyddiaeth yn apelio at nifer o Fasgiaid ifanc. Ond, yn arwyddocaol, nid oedd y to ifanc yn wrth-eglwysig. Bu'r offeiriaid plwyf yn ganolbwynt pwysig i astudiaeth o'r iaith ac, yn draddodiadol, ystyrid hwy yn amddiffynwyr yr iaith. Dros y canrifoedd, hwy yn unig oedd wedi bod yn ei hysgrifennu. Yn y 1950au, tra oedd llai a llai o bobl yn siarad Euskara, roedd dros 80% o'r offeiriad plwyf yng nghefn gwlad Bizkaia a Gipuzkoa yn ei siarad. Yn bwysicach fyth roeddynt yn gweithredu fel mudiad tanddaearol i ddiogelu a rhannu diwylliant y Basgiaid. Roedd nifer ohonynt hwythau hefyd yn cael eu denu gan Farcsiaeth!

Cyflymwyd y rhwyg o fewn cenedlaetholdeb y Basgiaid gan farwolaeth José Antonio Aguirre ym Mharis yn 1960. Daethpwyd â'i gorff i Donibane-Lohizune ac roedd aelodau o ETA ymhlith y dorf yn ei angladd. Roedd ef, i'r Basgiaid oll, wedi bod yn symbol o'u cenedlaetholdeb. Ei olynydd fel *Lehendakari* oedd Jesús María Leizaola ond gan iddo fethu ag ennyn parch nac edmygedd yr ieuenctid, ystyriwyd Plaid Genedlaethol y Basgiaid fel mudiad ceidwadol. Fodd bynnag, ar y cychwyn canmolodd ETA yr arweinydd newydd.

Roedd y Diwrnod Cenedlaethol yn 1960 yn cyd-fynd â marwolaeth Aguirre. Chwifiwyd baner Gwlad y Basg ar fynydd uwchben Donostia, ond defnyddiwyd trais gan heddlu'r wladwriaeth i darfu ar nifer o wasanaethau eglwysig ar draws y wlad. Yn 1962 cafwyd cyfres o streiciau yn y deyn erbyn y llywodraeth ym Madrid. Rhwng 1964 ac 1968 cafwyd nifer o wrthdystiadau mawr cenedlaetholgar gan y Basgiaid mewn amryw drefi, gan gynnwys Gernika, Iruñea a Donostia, gyda llywodraeth Franco yn benderfynol o'u hatal, beth bynnag y gost. Ac eithrio protest 1966, ETA a Phlaid Genedlaethol y Basgiaid oedd yn gyfrifol am alw'r gwrthdystiadau; ond gyda Phlaid Genedlaethol y Basgiaid yn ymddangos yn fwy fwy ceidwadol roedd yr ieuenctid am ddilyn trywydd gwahanol.

Yn y gogledd y cynhaliwyd cyfarfod cyffredinol cyntaf ETA yn 1962. Dyma pryd y sefydlwyd ideoleg y gyfundrefn newydd. Sylweddolai'r aelodau, os am wireddu eu nod, fod yn rhaid adolygu credoau Sabino Arana. O ganlyniad, fe wrthodent unrhyw ddiffiniad o'u cenedl ar sail hil ynghyd ag ymlyniad Sabino Arana i'r Eglwys Babyddol. Trodd y mudiad at ddiffiniad gwreiddiol y Basgiaid eu hunain, sef mai Basg yw *Euskaldun*, sef rhywun sy'n meddu ar yr iaith. Ei hiaith a'i diwylliant fyddai'n diffinio'r genedl. I ETA, tra pery'r iaith, yna goroesa'r genedl.

Cynhaliwyd cynadleddau ETA yn rheolaidd wedi 1962, ac roedd y mudiad yn prysur ddatblygu. Yng nghynhadledd 1964 cytunwyd i ddefnyddio tactegau milwrol chwyldroadol. Yn 1965 mabwysiadwyd Marcsiaeth fel ideoleg y mudiad.

Roedd ETA am ennill cefnogaeth ymhlith y gweithwyr – symudiad doeth ar un ystyr, sef bod diwydiant a llafur de Gwlad y Basg yn allweddol i ymgais Franco i adfer diwydiant ei wladwriaeth. Un rheswm dros lwyddiant ETA i ennill cefnogaeth ymhlith y gweithwyr oedd ei ddiffiniad newydd o Fasgwr. Yr oedd nifer fawr o'r gweithwyr â'u gwreiddiau y tu allan i Wlad y Basg. Yn awr, yr oll yr oedd yn rhaid iddynt ei wneud i fod yn Fasgwr oedd dysgu'r iaith. Roedd diogelu'r iaith yn allweddol oherwydd bod Franco wedi dilyn polisi bwriadol o boblogi Gwlad y Basg gyda phobloedd o rannau eraill o'r wladwriaeth. Erbyn 1975 roedd 40% o boblogaeth de Gwlad y Basg heb riant o Fasg! Ond roedd diffiniad ETA o beth oedd Basgwr yn agor drysau newydd. Erbyn y 1970au tua hanner aelodau ETA oedd â'u dau riant yn Fasgiaid.

Roedd hwn yn gyfnod cyffrous yn y gogledd hefyd. Roedd drwgdeimlad mawr ymhlith y Basgiaid at lywodraeth y wladwriaeth Ffrengig am eu bradychu wedi'r Ail Ryfel Byd. Yn y 1960au cafwyd llu o alwadau gan genedlaetholwyr Basg am i'r llywodraeth ganolog ym Mharis sefydlu *Département* (sef uned llywodraeth ranbarthol) ar gyfer gogledd Gwlad y Basg ar sail economaidd. Dadleuasant nad oedd gan y tri rhanbarth gogleddol unrhywbeth yn gyffredin â Béarn. Anwybyddwyd y galwadau hynny gan y llywodraeth ganolog – yn hytrach, bu iddynt ddangos eu cefnogaeth glir i Franco. Pan oedd y wladwriaeth Ffrengig am werthu jetiau *Mirage* i Franco roedd ef yn barod i'w prynu. Roeddynt hefyd yn barod i ateb un gofyn ychwanegol ganddo – sef diarddel cenedlaetholwyr Gwlad y Basg. Pan fu'r academydd ac ymgyrchydd iaith Ned Thomas o Gymru yn ymweld â Gwlad y Basg, dywedodd Telesforo de Monzón wrtho; 'o leiaf rwy'n gwybod fy mod i'n werth tri *Mirage*'. Yn 1971 arweiniodd Telesforo de Monzón a Txillardegi ympryd gyda 35 o gefnogwyr yng Nghadeirlan Baiona fel protest yn erbyn triniaeth ffoaduriaid Basgaidd gan y wladwriaeth Ffrengig. Wedi tridiau cafodd Telesforo de Monzón, a oedd yn 67 mlwydd oed, drawiad ar y galon ac aed ag ef i'r ysbyty. Gwrthododd unrhyw fath o gymorth meddygol, ond bu iddo oroesi i barhau â'r frwydr dros annibyniaeth.

Fel rhan o'r polisi o gyfeillgarwch â Franco, arestiwyd rhai aelodau o ETA gan awdurdodau'r wladwriaeth Ffrengig. Yn 1963 sefydlwyd grŵp newydd yn dwyn yr enw *Enbata* gan fyfyrwyr yng ngogledd Gwlad y Basg. Roedd gan y grŵp gylchgrawn o'r un enw ac roedd yn codi ymwybyddiaeth o'r frwydr yn y gogledd. Llwyddodd y gyfundrefn i hybu ymwybyddiaeth o hunaniaeth y Basgiaid yn y gogledd ac ar lefel ymarferol roedd yn ennill cefnogaeth y cyhoedd i'r gweithredwyr milwriaethus hynny a oedd yn alltud yno ac yn ofni dialedd Franco. Buont hefyd yn rhoi pwysau ar y llywodraeth ganolog yn y wladwriaeth Ffrengig i greu *Département* Fasgaidd i reoli ei materion diwylliannol ac economaidd ei hun. Y nod terfynol oedd gweld y *Département* yn dod yn rhan o ranbarth-wladwriaeth a fyddai'n cynnwys y saith rhanbarth Basgaidd fel rhan o Ewrop ffederal.

Nhw hefyd wahoddodd dathlu'r Diwrnod Cenedlaethol cyntaf wedi'r rhyfel i Lapurdi yn 1963, sef diwrnod cenedlaethol mwyaf arwyddocaol y cyfnod. Ar 15 Ebrill cyfarfu nifer o weithredwyr milwriaethus dros achos y

Basgiaid ger Itsasu o amgylch cangen o goeden Gernika. Dyma gychwyn traddodiad sy'n parhau hyd heddiw. Yn llywyddu'r dydd roedd un cynrychiolydd o ogledd ac un o dde Gwlad y Basg. Ar ddechrau'r 1960au hefyd cyhoeddwyd llyfr pwysig: *Vasconia* gan Federico Krutwig, aelod o Academi Iaith y Basg a oedd wedi ei wneud yn alltud gan Franco. Roedd y llyfr yn annog ideoleg ymwahanu a chafodd ddylanwad mawr ar aelodau cyntaf ETA.

Yn 1967 cafwyd dau gyfarfod cyffredinol o amryw gelloedd ETA a rhoddwyd yr enw 'Cynulliad V' ar y cyfarfodydd hynny. Erbyn hyn roedd gan ETA tua 450 o aelodau. Yn y cyfarfod cyntaf cafwyd gwared ar yr aelodau hynny a oedd am iddi fod yn blaid y gweithwyr gyda gogwydd Sbaenaidd, a chyhoeddodd y cynulliad 'Ideoleg Swyddogol ETA'. Roedd y ddogfen hon yn cadarnhau bod ETA yn genedlaetholwyr Basgaidd ond hefyd yn credu ym mrwydr y dosbarth gweithiol dros ryddid cymdeithasol. Roedd gan yr ETA newydd aelodau nad oeddynt yn cofio brwydrau'r 1930au na'r 1940au. Dewiswyd arweinydd newydd; Txabi Etxebarrieta; yr arweinydd mwyaf poblogaidd yn hanes ETA. Ganwyd ef yn 1944 yn Bilbo ac ef oedd yn gyfrifol am lawer o syniadau chwyldroadol ETA. Ei nod oedd sicrhau annibyniaeth i Wlad y Basg drwy drais dethol a thrwy gydweithio'n agos gydag achosion cymdeithasol a'r undebau llafur.

Roedd yn enwog am ddau reswm arall. Ef oedd yr aelod cyntaf o ETA i ladd, a'r arweinydd cyntaf i gael ei saethu'n farw gan y *Guardia Civil* yn 1968. Roedd hyn, hyd yn oed, yn adlewyrchu credoau Etxebarrieta. Credai ef y byddai ysgogi'r *Guardia Civil* i ymateb yn filwrol yn erbyn ETA yn ysgogi'r Basgiaid i godi yn erbyn y Guardia Civil. Byddai hyn yn ei dro yn arwain at wrthryfel poblogaidd.

O fewn dim i farwolaeth Etxebarrieta roedd ETA wedi taro'n ôl. Ar 2 Awst, 1968, llofruddiwyd yr arolygydd

Meliton Manzanas, arteithiwr amlwg yr heddlu yn Donostia, y tu allan i'w gartref. Ef oedd yr ail berson i gael ei ladd gan ETA ond y cyntaf i gael ei lofruddio'n fwriadol. Ymatebodd Franco'n unionsyth. O fewn tridiau roedd wedi cyhoeddi stad o warchae drwy dde Gwlad y Basg; gwarchae a barhaodd am fisoedd gyda miloedd o Fasgiaid yn cael eu harestio a'u harteithio. Dedfrydwyd nifer i flynyddoedd maith yn y carchar. Yn arwyddocaol, unwaith y gosodwyd y gwarchae datganodd Plaid Genedlaethol y Basgiaid nad oedd yn gwrthwynebu defnyddio trais.

Cynyddu oedd y tensiynau o fewn de Gwlad y Basg. O 1968 ymlaen cafwyd cynnydd yn nifer y streicio gwleidyddol mewn cefnogaeth i ETA ac achos y cenedlaetholwyr. Yn 1968 aeth grŵp o tua 60 o offeiriaid ati i feddiannu'r coleg offeiriadol yn Derio yn Bizkaia gan alw am gydnabod hawliau'r Basgiaid a democrateiddio'r Eglwys. Y flwyddyn ganlynol llwyddodd yr heddlu i arestio bron bob un o arweinwyr ETA. Yn 1970 yn Donibane-Lohizune sefydlwyd y mudiad *Anai Artea* (Rhwng Brodyr) i gynorthwyo'r ffoaduriaid gwleidyddol a oedd yn gynyddol yn dianc i'r gogledd. Unwaith yn rhagor cafwyd ymgais i droi ETA yn blaid y gweithwyr gyda gogwydd Sbaenaidd, ond gwrthodwyd y cynnig gan yr aelodau. Hyd yn oed pan fu streicio llawer mwy economaidd ei natur byddai'r gweithwyr yn cynnwys yn eu gofynion alwadau'r cenedlaetholwyr am hunanlywodraeth, cydnabyddiaeth i Euskara ac amnest i garcharorion gwleidyddol Basgaidd oedd yng ngharchardai Franco.

### Treialon Burgos

Canlyniad polisi gormesol Franco yn erbyn y Basgiaid oedd treialon Burgos yn 1970 pan roddwyd 16 o aelodau ETA o flaen eu gwell. Treialon sioe oeddynt i fod ond roeddynt yn llwyddiant propaganda ysgubol i ETA. Y bwriad gwreiddiol oedd cynnal yr achos y tu ôl i ddrysau caeedig, gan fod dau offeiriad ymhlith y rhai a gyhuddwyd. Aeth dau aelod o Blaid Genedlaethol y Basgiaid i Rufain gan mai'r Babaeth yn unig allai sicrhau mynediad i'r treialon. Cytunwyd i roi mynediad agored iddynt, er heb gydnabod mai'r ymweliad a oedd yn gyfrifol am hynny. Yn awr cawsai newyddiadurwyr rhyngwladol fynediad, a chafodd y byd wybod am yr achos a'r cefndir iddo.

Yn y llys canodd yr un diffinydd ar bymtheg *'Eusko gudariak gara'* a gweiddi'r slogan traddodiadol *'Gora Euskadi!'* a slogan newydd *'Iraultza ala hil!'* (Chwyldro neu Farwolaeth). Cyhoeddodd y paentiwr o Gatalunya, Joan Miró ei gefnogaeth agored i ETA. Wedi i dri o'r aelodau gael eu condemnio i farwolaeth cafwyd gwrthdystiadau yn Bilbo ac Iruñea, y rhai mwyaf a welwyd yn y wlad, a phrotestiadau mewn trefi ar hyd a lled y wladwriaeth Sbaenaidd. Galwodd llywodraethau gwladwriaethau eraill ar Franco i beidio â gweithredu'r ddedfryd. Yn y diwedd newidiodd y ddedfryd i garchar am oes. Roedd treialon Burgos yn bwysig o ran propaganda ac oherwydd iddynt dynnu sylw at achos y Basgiaid. I fwyafrif llethol y Basgiaid, beth bynnag eu daliadau gwleidyddol, 1970 oedd blwyddyn Burgos.

## Diwydiant

Os oedd Franco am lwyddo yn ei nod o sicrhau *'España, una, libre y grande'* (Sbaen, unedig, rhydd a mawr) yna roedd arno angen profiad a chyfoeth economaidd y Basgiaid. Roedd yn rhaid iddo ennill a chadw cefnogaeth diwydianwyr a dosbarth canol y rhanbarthau Basgaidd. Felly yn y maes economaidd roedd yn llawer llai gormesol. Elwodd byd busnes Gwlad y Basg o'r sybsideiddio mawr a'r allforio gan Franco. Yn yr un modd bu ei gyfyngiadau ar hawliau'r undebau llafur ac ar fargeinio rhydd rhwng y gweithiwr a'r cyflogwr yn hwb mawr i ddiwydiant a masnach. Roedd Franco hefyd yn cadw rheolaeth dros gyflogau. Gallai llawer o'r dosbarth canol yn ne Gwlad y Basg fyw gyda pholisi economaidd Franco â'i bwyslais ar drefn gymdeithasol a'r cyfleoedd i wneud elw.

O ganlyniad i'r datblygiadau hyn bu bron i boblogaeth Gwlad y Basg ddyblu yn ystod y cyfnod hwn. Yn 1940 roedd poblogaeth de Gwlad y Basg yn 1.3 miliwn, erbyn 1975 roedd yn 2.5 miliwn. Yn naturiol roedd y cynnydd mwyaf yn yr ardaloedd trefol ond cafodd effaith enfawr ar dde Gwlad y Basg i gyd. Yn y lle cyntaf roedd y mewnfudo newydd yn taro'r rhan helaethaf o dde Gwlad y Basg ond yn bwysicach o ran yr iaith, roedd nifer o'r ardaloedd diwydiannol newydd yng nghanol cadarnleoedd Euskara.

Erbyn diwedd y 1950au roedd y Basgiaid yn ymwybodol na allent ddibynnu ar y byd tu allan ac na ellid ymddiried yn y wladwriaeth Sbaenaidd. Sylweddolent fod raid iddynt edrych atynt eu hunain os am achubiaeth. Er mwyn adfer y wlad yn economaidd aethpwyd ati i sefydlu mudiad cydweithredol yn nhref Arrasate yn 1958 (sef Corfforaeth Cydweithredol Mondragón heddiw – y cwmni cydweithredol mwyaf yn y byd). Roedd y diddordeb yn y mudiad cydweithredol yn y 1950au yn adlewyrchu adfywiad diwylliannol ehangach y cyfnod.

## Chwyldro Diwylliannol

Er gormes a thrais system Franco, ni chefnodd y Basgiaid ar eu hiaith a'u diwylliant. Yn wir, cafwyd ffyniant, yn arbennig yn y 1960au. Ond, yn y blynyddoedd yn dilyn 1937, nid oedd y dyfodol i'w weld yn addawol. Roedd Franco wedi sylweddoli pwysigrwydd eu hiaith a'u diwylliant i'r Basgiaid ac, o'r cychwyn cyntaf, ymosodwyd arnynt. Roedd ei fesurau caeth yn cynnwys gwahardd pob arwydd cyhoeddus a chofrestru enwau plant yn yr iaith. O ganlyniad cafwyd cwymp cymdeithasol-ddiwylliannol syfrdanol o safbwynt yr iaith, hyd yn oed mewn defnydd personol a phreifat ohoni. Yn y pentrefi yng nghefn gwlad, er enghraifft, bu'r bobl yn siarad Euskara yn y cartref ond Castileg y tu allan. Trodd nifer o'r arweinwyr mwyaf gweithgar yn alltud neu gorfodwyd iddynt weithredu'n danddaearol, ond erbyn diwedd y 1940au dechreuodd rhyw fath o adfywiad diwylliannol. Sefydlwyd nifer o grwpiau gweithredu, yn alltud yn arbennig, a dechreuasant hwy ddod i gysylltiad â'r genhedlaeth ifanc. Erbyn diwedd y 1950au cafodd llawer o glasuron yr iaith eu hailgyhoeddi, sefydlwyd gweisg newydd a dechreuodd yr ifanc brotestio.

Canlyniad i'r brwdfrydedd a'r ystyfnigrwydd hwn oedd yr adfywiad diwylliannol. Atgyfodwyd gwyliau gwerin a oedd wedi eu gwahardd ers 1937. Ailymddangosodd dawnsfeydd a cherddoriaeth draddodiadol. Roedd cantorion Gwlad y Basg yn boblogaidd, artistiaid megis Benito Lertxundi yn y de a Michel Labéguerie yn y gogledd. Yn 1965 ffurfiwyd y mudiad cerddorol *Ez dok amairu* gyda'r nod o ddiogelu hunaniaeth ddiwylliannol y Basgiaid yn seiliedig ar yr iaith. Daeth y mudiad â nifer o bobl ynghyd o amryw feysydd y celfyddydau gan gynnwys cyfansoddwyr a chantorion, dramodwyr, beirdd a cherflunwyr. Prif lwyddiant y mudiad hwn oedd codi ymwybyddiaeth o'r angen i adfer yr iaith a'r diwylliant Basgaidd ymhlith y bobl.

Gwelodd y 1960au hefyd ddatblygiad newyddiaduriaeth ar y radio ac yn y papurau newydd, adfywiad *bertsolaritza* (barddoniaeth lafar y Basg), sefydlu mudiad llythrennedd cyntaf yr iaith ac ymddangosiad *Kanta Berria* (Mudiad Canu Newydd y Basg). Llwyddwyd i gynnal yr holl agweddau hyn er cyfyngiadau ariannol a'r holl anawsterau eraill a grëwyd i'w hatal gan y llywodraeth unbenaethol.

Prif lwyddiant yr adfywiad diwylliannol hwn oedd i Academi Iaith y Basg sicrhau un ffurf ysgrifenedig i'r iaith, a elwid yn *Batua*. Roedd y 24 aelod o'r Academi yn cynrychioli amryw agweddau ieithyddol a llwyddwyd i adnabod y ffurfiau ar eiriau mwyaf cyffredin. Y cymeriad mwyaf allweddol yn y broses o sicrhau iaith safonol oedd Koldo Mitxelena Elissalt (Luis Michelena), un o ysgolheigion amlycaf y Basgiaid.

Un o feirdd mwyaf dylanwadol y cyfnod oedd Gabriel Aresti. Ganwyd ef yn Bilbo yn 1933 ond nid Euskara oedd ei famiaith. Roedd ef felly'n un o'r *Euskaldunberri*, 'siaradwr Basg newydd', ond fe ddaeth yn un o lenorion mwyaf dylanwadol yr iaith newydd. O ran gwleidyddiaeth roedd yn agosach at gomiwnyddion y wladwriaeth Sbaenaidd, ond roedd yn wladgarwr. Cyhoeddwyd cyfrol o farddoniaeth ganddo yn 1964, *Harri eta Herri* (Craig a Phobl), a ddaeth yn boblogaidd iawn ymhlith cenedlaetholwyr.

Cafodd Aresti ddylanwad uniongyrchol ar yr awdur Joseba Irazu, a ddysgodd ysgrifennu yn yr iaith ym mhrifysgol Sarriko. Dechreuodd ysgrifennu straeon byrion a'u cyhoeddi mewn cylchgronau tanddaearol gan ddefnyddio'r enw Bernardo Atxaga. Anfonwyd llythyr ato gan Gabriel Aresti yn datgan nad oedd ond pum llenor mawr yn yr iaith — ond roedd posibilrwydd mai Irazu fyddai'r chweched. Heddiw, ar lefel ryngwladol, ef yw llenor enwocaf y Basgiaid gyda'i nofelau, er enghraifft, yn gwerthu yn fyd eang ac ar gael wedi eu cyfieithu i sawl iaith.

Dechreuodd cyhoeddi modern yn Euskara yn 1972 gyda sefydlu cwmni cyhoeddi Elkar fel cwmni dielw yn Baiona gyda chefnogaeth 20 o fuddsoddwyr, gan gynnwys alltudion o dde Gwlad y Basg. Drwy gynhyrchu recordiau gwnaed digon o elw i gyhoeddi llyfrau. Wedi marwolaeth Franco yn 1975 dychwelodd rhai o aelodau'r cwmni i dde Gwlad y Basg a sefydlu cangen o'r cwmni yn Donostia. Datblygodd Elkar yn un o'r cyhoeddwyr mwyaf yn Euskara.

Cafwyd ymdrech fawr i sicrhau goroesiad yr iaith ym myd addysg. Yn 1960 agorwyd tair *ikastola*, y rhai cyntaf ers

1937. Ffynnodd yr *ikastolak* – roedd yr ysgolion hyn yn rhai preifat a chudd a chafwyd datblygiadau mawr ganddynt yn ystod y cyfnod hwn. Un o'r rhai a ymwelodd ag un *ikastola* ar ddechrau'r 1970au oedd Ned Thomas. Disgrifia fel roedd Safon 1 yng nghefn y becws, Safon 2 yn festri'r eglwys ac yn y blaen. Byddai rhieni'r trefi yn helpu i dalu costau teithio plant cefn gwlad er mwyn iddynt hwy hefyd allu mynychu'r ysgol. Roedd yr *ikastolak* yn allweddol i oroesiad a ffyniant yr iaith ac fe ddibynnent yn llwyr ar ymroddiad y bobl.

Roedd chwyldro Basgaidd yn digwydd yn y prifysgolion yn y 1960au hefyd. Roedd Franco wedi gwahardd prifysgolion cyhoeddus yn 'rhanbarthau'r bradwyr', felly roedd dwy brifysgol breifat yn y tri rhanbarth, sef Deusto yn Bilbo a Phrifysgol Iruñea. Roedd y gyntaf yn nwylo'r Iesuwyr a'r ail yn nwylo'r *Opus Dei*, urdd Babyddol geidwadol elitaidd. Os am astudio am radd felly rhaid oedd mynd y tu allan i'r rhanbarthau Basgaidd. Ond roedd gwendid yn system Franco – er ei fod wedi ymosod ar iaith a diwylliant y Basgiaid roedd yn awyddus iawn i hybu eu diwydiant. I'r perwyl hwn felly rhaid oedd sicrhau bod rhai sefydliadau prifysgol yn dysgu pynciau fel economeg a pheirianneg yn cael gweithredu yn Bilbo. Enw'r ysgol economeg yn Bilbo oedd Sarriko; yno y bu nifer o fyfyrwyr Basg yn astudio economeg ac roeddynt yn radical iawn. Roedd Txabi Etxebarrieta yn un o raddedigion Sarriko, ac yn arwr i'r myfyrwyr Basgaidd yno.

Yn Sarriko roedd amryw garfannau'n weithgar iawn. Adain filwriaethus Plaid Genedlaethol y Basgiaid oedd y cyntaf i feddiannu gorsaf radio yn Bilbo a dilynwyd eu hesiampl gan aelodau ETA. Nid nhw oedd yr unig rai a oedd yn weithgar yno – roedd cefnogwyr syniadau Mao yn drefnus ac yn effeithiol hefyd. Un canlyniad pwysig i'r holl weithgareddau gwleidyddol yn y brifysgol oedd i genhedlaeth gyfan dyfu i fyny yn ysgrifennu yn eu hiaith eu hunain (er nad oedd gwersi Euskara i'w cael yn swyddogol, byddai aelodau Plaid Genedlaethol y Basgiaid ac ETA yn trefnu cyfarfodydd diwylliannol a oedd mewn gwirionedd yn wersi Batua). Chwaraeodd y ddwy blaid ran bwysig yn nadeni diwylliannol y 1960au. Fel y gwelwyd ar sawl pwynt allweddol arall yn hanes y Basgiaid roedd ar eu hunaniaeth ddiwylliannol a gwleidyddol angen ei gilydd.

## Diwedd Franco

Erbyn diwedd 1973 cafwyd rhwyg o fewn ETA rhwng y rhai a oedd am weithredu'n 'wleidyddol-filwrol' a'r rhai a oedd am ddilyn y trywydd 'milwrol' yn unig. Roedd y garfan gyntaf am weld y mudiad yn gweithredu fel dwy ran ond roedd yr ail garfan am weld un gyfundrefn a weithredai ar sail filwrol. Nid oedd yn ymddangos y byddai'n bosibl dod â'r ddwy ochr at ei gilydd.

Erbyn diwedd 1973 honnid bod ETA wedi lladd chwech o bobl, er nad oedd ETA ei hun yn honni mai hwy oedd yn gyfrifol am bob achos. Ond rhwng 1968 ac 1973 roedd y *Guardia Civil* wedi lladd o leiaf 14 o bobl, wedi anafu dros hanner cant ac wedi arestio dros 4,000 o Fasgiaid heb brawf. Roedd arestio ar hap yn cael effaith ar niferoedd gweithredol ETA – problem arall i ETA oedd na chododd y Basgiaid cyffredin mewn chwyldro, ac nad oedd gobaith bod hynny am ddigwydd ymhlith pobl gyffredin gweddill y wladwriaeth Sbaenaidd ychwaith.

Penderfynwyd ar dacteg newydd. Y nod fyddai herwgipio swyddog Sbaenaidd blaenllaw ac yna'i gyfnewid am aelodau ETA a oedd wedi eu carcharu. Y targed fyddai'r Llyngesydd Luis Carrero Blanco, gŵr y credid byddai'n olynydd i Franco; ond wrth iddynt ddilyn y Llyngesydd am wythnosau yn 1973, yn paratoi ar gyfer yr herwgipiad, dechreuodd nod ETA newid. Oherwydd pwysigrwydd y

Llyngesydd i ddyfodol y wladwriaeth Sbaenaidd sylweddolodd arweinyddion ETA y byddai ei ladd ef yn ergyd enfawr i ddyfodol hirdymor y system unbenaethol. Erbyn canol 1973 roedd y Llyngesydd wedi ei benodi'n brif weinidog y wladwriaeth a nifer ei warchodwyr wedi cynyddu. Ond roedd ei gar yn parcio yn union yr un fan bob bore. Claddwyd ffrwydron ar y safle.

Ar Ragfyr 20, 1973 roedd un arall o dreialon sioe Franco yn cychwyn. Undebwyr llafur oedd ar brawf y tro hwn. Y bore hwnnw roedd Luis Carrero Blanco ar ei ffordd i'r offeren yn ôl ei arfer. Parciodd y car. Cymaint oedd nerth y ffrwydrad nes y taflwyd y car dros adeilad cyfagos!

Ychydig a dosturiai dros farwolaeth y prif weinidog. Un jôc boblogaidd ar y pryd oedd mai ef oedd astronot cyntaf y wladwriaeth Sbaenaidd. Ym marn nifer o wrthwynebwyr unbennaeth Franco, y tu fewn a thu allan i dde Gwlad y Basg, dyma ddechrau'r diwedd i'r unbennaeth.

Cynyddu oedd y streicio a'r protestiadau. Yn Rhagfyr 1974 cynhaliwyd streic yn galw am ddiogelu hawliau sifil ac am safonau economaidd gwell. Fis Medi 1975 bu protest yn erbyn dienyddio dau aelod o ETA. Roedd y streiciau hyn yn rhai gwleidyddol gyda'r boblogaeth gyfan yn chwarae rhan; ac wedi eu trefnu er yr angen am gyfrinachedd. Parhau hefyd wnaeth y Diwrnod Cenedlaethol, ac yn ystod dathliadau'r dydd yn 1974 ymddangosodd llywydd y Llywodraeth alltud, Jesús María Leizaola yn Gernika. Rhwng 1975 ac 1977, cyn marwolaeth Franco, cynhaliwyd y gwyliau yn Gernika, Iruñea a Gasteiz ond fe'u hataliwyd gan yr awdurdodau, gan ddefnyddio trais bob tro.

Erbyn 1975 roedd ETA yn cael eu hamau o ladd 38 o bobl ac roedd y *Guardia Civil* wedi lladd 33 Basg. Yn ystod y flwyddyn honno bu cynnydd yn y gweithgareddau gwrth Franco. Bu streic gyffredinol gyda dros 200,000 o weithwyr yn cymryd rhan, aeth carcharorion gwleidyddol Basgaidd i ymprydio a chynyddodd gweithgareddau milwrol ETA. Cafwyd cyfnod o arteithio creulon gan y wladwriaeth Sbaenaidd. Fis Medi saethwyd pum carcharor gwleidyddol, yn cynnwys dau a gyhuddwyd o fod yn aelodau o ETA, gan sgwad saethu. Aeth Basgiaid rhanbarthau'r de ar streic. Yn y gogledd bu gwrthdystiadau mawr yn Baiona a chafwyd cefnogaeth i'r llu o brotestiadau o bedwar ban byd.

Ar 20 Tachwedd, 1975 bu farw'r unben. Roedd cyfnod newydd, cyffrous arall ar droed yn hanes y Basgiaid.

*Galwad am annibynniaeth*

# VI

# Diogelu Hunaniaeth:
# Gwlad y Basg yn yr Ewrop
# Fodern

## *Y Trawsfudiad*

Rhoddir yr enw Trawsfudiad ar y cyfnod rhwng marwolaeth
Franco yn Nhachwedd 1975 ac etholiadau democrataidd
cyntaf Mehefin 1977. Yn unol â dymuniad yr unben
penodwyd Juan Carlos yn frenin a phennaeth y wladwriaeth.
Roedd yr adain dde yn sicr yn ddrwgdybus ohono tra
credai'r chwith y byddai'n was bach i'r grymoedd ceidwadol.
Roedd pawb yn gytûn y byddai'n bennaeth gwan ac
aneffeithiol.

Nod y llywodraeth newydd fyddai ceisio llywio'r
wladwriaeth Sbaenaidd i gyfeiriad democratiaeth, ond ar yr
un pryd rhaid oedd plesio'r adain dde, a'r fyddin yn
arbennig, rhag ofn iddynt ddisodli'r llywodraeth drwy rym.
Yn sicr ni fyddai'n bosibl newid dros nos a rhaid fyddai
symud yn ofalus iawn rhag gwylltio grymoedd gwrth-
ddemocrataidd yr adain dde.

Un ffordd o gadw'r dde yn hapus fyddai ymosod ar y
Basgiaid. O safbwynt y wladwriaeth Sbaenaidd roedd digon
o resymau dros wneud hynny, yn arbennig wedi i Fasgiaid
ifanc ddathlu marwolaeth Franco'n agored yn y strydoedd.
Ymateb y llywodraeth ganolog oedd ymosod yn dreisgar ar
unrhyw brotestiadau cyhoeddus yn ne Gwlad y Basg. Yn
1976 lladdwyd 16 o Fasgiaid gan y *Guardia Civil*. I bob
pwrpas ystyrid unrhyw arwydd o wladgarwch Basgaidd yn

weithred wrth-Sbaenaidd. Roedd dangos yr *ikurriña* yn parhau'n anghyfreithlon a hynny er marwolaeth Franco.

Prif ddiddordeb y Basgiaid yn ystod y blynyddoedd yn dilyn marwolaeth Franco oedd sicrhau amnest i garcharorion gwleidyddol. Yr hyn oedd yn drawiadol am y mudiad *Amnistia* oedd y gefnogaeth eang iddo, yn cynnwys artistiaid a chwaraewyr pêl-droed. Y cerflunydd byd-enwog, Eduardo Chillida oedd yn gyfrifol am lunio logo'r mudiad. Protestiwyd mewn amryw ffyrdd; protestiadau cyhoeddus, deisebau ac ymdrechion cyfreithiol i sicrhau na ystyrid gwrthwynebu'r llywodraeth yn drosedd. Parhau oedd tactegau'r *Guardia Civil* fodd bynnag. Ar sawl achlysur buont yn saethu a lladd protestwyr. Yn ystod cyfnod y Trawsfudiad gwelwyd cyfanswm o chwech o streiciau o natur wleidyddol yn ne Gwlad y Basg, ond o fewn dwy flynedd cafwyd llwyddiant, gydag amnest i'r rhai a oedd wedi eu carcharu am wrthwynebu Franco. Erbyn diwedd Rhagfyr 1977 nid oedd yr un carcharor gwleidyddol o Fasg yng ngharchardai'r wladwriaeth Sbaenaidd. Fodd bynnag, yn Ionawr 1978 bu cychwyn newydd ar yr arestio!

Erbyn hyn roedd ETA wedi'i rannu'n ddau. Y grŵp milwrol, ETA *Militar*, oedd yn bennaf gyfrifol am ladd 18 o bobl yn 1976. Credent hwy mewn lladd tri math o bobl; meiri a oedd wedi derbyn cefnogaeth Franco; pobl a oedd yn rhoi gwybodaeth i, neu'n cydweithio â'r heddlu a swyddogion a geisiai dynnu'r *ikurriña* i lawr. Roedd y garfan arall, sef ETA *Politico-Militar*, yn credu mewn dulliau gwahanol. Byddent hwy'n herwgipio pobl gan ofyn am bridwerth i'w rhyddhau. Ond er y rhaniadau o fewn ETA a'r tactegau milwriaethus parhau oedd y gefnogaeth iddynt. Roedd Plaid Genedlaethol y Basgiaid wrthi'n newid yn ystod y cyfnod hwn hefyd, gan ymwrthod â'r syniad traddodiadol o ffyddlondeb i'r Eglwys Babyddol.

## Yr Etholiad Cyffredinol

O'r diwedd, ar 15 Mehefin, 1977, cynhaliwyd etholiadau cyffredinol y wladwriaeth Sbaenaidd i senedd y wladwriaeth, y *Cortes*. Cyn yr etholiad cyfreithlonwyd yr *ikurriña* wrth i Blaid Genedlaethol y Basgiaid ei defnyddio fel eu symbol. Enillodd plaid Adolfo Suárez, Undeb y Canol Democrataidd, 34% o'r bleidlais ac ef ddaeth yn brif weinidog ar y wladwriaeth. Daeth y Sosialwyr, dan Felipe González, yn ail gyda 29% o'r bleidlais. Nawr roedd y wladwriaeth Sbaenaidd yn un o wladwriaethau democrataidd yr Ewrop fodern.

Ond yng Ngwlad y Basg roedd y disgwyliadau a'r canlyniadau yn wahanol. Yno, y pleidiau a oedd o blaid hunanlywodraeth i Wlad y Basg enillodd fwyafrif y pleidleisiau, a hynny o fwyafrif helaeth. Sefydlwyd Cyngor Cyffredinol Basg gyda'r bwriad o lunio statud hunanreolaeth i dde Gwlad y Basg. Roedd aelodaeth y cyngor yn seiliedig ar ganlyniad yr etholiad cyffredinol. Cafwyd gwrthdaro o fewn y cyngor, fodd bynnag, rhwng y Sosialwyr a Phlaid Genedlaethol y Basgiaid. Cynigiodd y Sosialwyr Jesús Maria Leizaola fel llywydd y cyngor ac fe wrthwynebai Plaid Genedlaethol y Basgiaid hynny. Er bod Leizaola yn arweinydd y llywodraeth alltud, dadleuid nad oedd y llywodraeth alltud a'r cyngor yr un peth.

Plaid Genedlaethol y Basgiaid elwodd fwyaf o'r newid i ddemocratiaeth. Wedi chwarter canrif o drwmgwsg dychwelodd y blaid i wleidyddiaeth bleidiol y wladwriaeth Sbaenaidd newydd. Roedd digon o arian y tu cefn iddi, a digon o weithwyr llawn amser. O ran ei gwleidyddiaeth roedd hi'n blaid ddemocrataidd Gristnogol a'i nod oedd sicrhau hunanlywodraeth i Wlad y Basg o fewn y wladwriaeth Sbaenaidd.

Yn dilyn etholiadau Mehefin 1977 daeth nifer o aelodau

seneddol o'r pedwar rhanbarth at ei gilydd ger y dderwen yn Gernika i ddatgan y byddent yn mynegi barn holl bobl Gwlad y Basg. Roedd hyn yn ddatblygiad symbolaidd. Yn arwyddocaol hefyd, golygai'r etholiadau a'r amnest fod nifer fawr o alltudion yn dychwelyd i Wlad y Basg. Dychwelodd Dolores Ibarruri, *La Pasionaria*, o'r Undeb Sofietaidd. Erbyn hyn roedd hi'n 82 mlwydd oed ac, wrth gwrs, yn parhau i wisgo du. Enillodd sedd dros y Comiwnyddion yn Asturias. Dychwelodd Telesforo de Monzón, yn llawn mor filwriaethus ag y bu erioed. Yn ystod yr un cyfnod dychwelwyd corff Sabino Arana i'w fedd yn Sukarrieta.

Nid oedd pawb yn hapus â'r ffordd yr oedd Plaid Genedlaethol y Basgiaid wedi delio ag achos y Basgiaid. Yn ystod cyfnod y Trawsfudiad datblygodd dau fudiad clymbleidiol a oedd am weld Gwlad y Basg annibynnol. Un ohonynt oedd *Euskadiko Ezkerra*, sef adain wleidyddol ETA *Politico-Militar* a gymerodd ran yn etholiadau 1977. Yn 1978 gadawodd Telesforo de Monzón Blaid Genedlaethol y Basgiaid a sefydlodd fudiad llawer mwy milwriaethus a oedd yn hollol gefnogol i ETA ac a oedd yn apelio at yr ieuenctid. Enw'r blaid newydd oedd *Herri Batasuna* (Undod y Bobl), ac roedd yn glymblaid o bleidiau adain chwith. Gellir crynhoi eu gofynion fel a ganlyn: annibyniaeth gwleidyddol, system ddemocrataidd yn seiliedig ar gynulliadau'r bobl yn hytrach nac ar ddemocratiaeth seneddol, undod tiriogaethol y wlad a normaleiddio'r iaith.

### Cyfansoddiad newydd y wladwriaeth Sbaenaidd, 1978

Wedi'r etholiadau, y cam naturiol nesaf i'r wladwriaeth Sbaenaidd oedd llunio cyfansoddiad newydd. I'r Basgiaid, ac i nifer o genhedloedd eraill y wladwriaeth, cyfle i sicrhau hunanlywodraeth fyddai'r cyfansoddiad. Yn fuan iawn daeth yn amlwg fod y wladwriaeth gyfan yn cytuno y dylai'r cyfansoddiad gynnwys elfen o hunanlywodraeth, oherwydd pwysau o gyfeiriad Gwlad y Basg, Catalunya, Galisia a'r Ynysoedd Dedwydd. Mynnai'r Basgiaid y dylai'r cyfansoddiad newydd gydnabod Euskal Herria fel cenedl yn meddu ar sofraniaeth wreiddiol, ond yn amlwg ni fyddai llywodraeth newydd y wladwriaeth Sbaenaidd yn derbyn hyn. Roedd yn glir felly mai'r wladwriaeth, nid y cenhedloedd eu hunain, fyddai'n penderfynu natur a maint yr hunanlywodraeth hwnnw. I'r perwyl hwn, o saith aelod y pwyllgor cyfansoddiadol dim ond un o Gatalunya a gynrychiolai'r cenhedloedd bychain. Nid oedd yr un o Wlad y Basg!

Nid oedd y cyfansoddiad newydd yn syndod i genedlaetholwyr Gwlad y Basg felly. Yn ôl y cyfansoddiad, er y cydnabuwyd Basg neu Gatalan fel 'cenhedloedd', Sbaen yn unig oedd 'y genedl'. Er bod Basgeg, Catalaneg a Galisieg yn ieithoedd cyd-swyddogol o fewn eu tiriogaethau hwy, Castileg (sef Sbaeneg) oedd unig iaith swyddogol y wladwriaeth Sbaenaidd gyfan ac roedd yn ddyletswydd ar bawb i ddeall Castileg! Datganwyd bod chwalu undod y wladwriaeth yn anghyfansoddiadol. Rhoddwyd yr hawl i'r lluoedd arfog ymyrryd pe bai'r llywodraeth ganolog ym Madrid yn bygwth undod y wladwriaeth. Mewn gwirionedd nid oedd gan y wladwriaeth newydd unrhyw ddewis ond cynnwys hyn os am sicrhau cefnogaeth y lluoedd arfog i'r cyfansoddiad newydd. Pleidleisiodd mwyafrif etholwyr y wladwriaeth Sbaenaidd o blaid y cyfansoddiad newydd yn refferendwm Rhagfyr 1978. Nid felly yng Ngwlad y Basg.

Roedd y refferendwm ar y cyfansoddiad wedi amlygu'r rhwygiadau o fewn Gwlad y Basg. Galwodd Plaid Genedlaethol y Basgiaid ar i bobl atal eu pleidlais. Credai Telesforo de Monzón y byddai pleidleisio yn erbyn y cyfansoddiad yn ddatganiad llawer cryfach. Cytunodd 11.3% o'r Basgiaid ag ef, a phleidleisiasant yn erbyn. Ond gwrthododd 40% o'r Basgiaid bleidleisio o gwbl. Cyflwynodd eraill bapurau pleidleisio gwag. O ganlyniad, yr oedd yn gwbl eglur fod mwyafrif y Basgiaid yn gwrthod y cyfansoddiad.

## Hunanlywodraeth y Basgiaid

Yn dilyn etholiadau cyffredinol Mawrth 1979 a'r etholiadau lleol fis yn ddiweddarach daeth Plaid Genedlaethol y Basgiaid yn brif blaid y Basgiaid. Gan ddefnyddio'i safle newydd aeth y blaid ati i drafod statud dros hunanlywodraeth yn uniongyrchol â Madrid, yn hytrach na thrafod gyda Chyngor Cyffredinol y Basgiaid yn gyntaf. Golygai hyn nad oedd cyfle i weddill pleidiau cenedlaetholgar Gwlad y Basg drafod y mater allweddol hwn. Dadl y blaid oedd bod angen symud ar frys ar y mater hwn. Yn groes i ddymuniad mwyafrif y Basgiaid trafod hunanlywodraeth i dri, nid pedwar, rhanbarth y de wnaeth y blaid. Y fantais i Blaid Genedlaethol y Basgiaid o sicrhau hunanlywodraeth i dri rhanbarth, a hepgor Nafarroa, oedd mai'r rhanbarthau hyn oedd cadarnleoedd y blaid. Yn anffodus roedd eu hagwedd yn golygu y byddai dyfodol gwleidyddol tymor hir Nafarroa y tu allan i dde Gwlad y Basg. Yn y cyfnod cyn y refferendwm ar hunanlywodraeth gwnaeth y llywodraeth ganolog ym Madrid bopeth o fewn ei gallu i sicrhau llwyddiant. Roedd hyn yn cynnwys dosbarthu llyfryn a roddai'r argraff fod yr hyn a gynigiwyd yn llawer mwy nag yr oedd mewn gwirionedd. Yn Hydref 1979 cadarnhawyd y statud hunanlywodraeth i dri rhanbarth Gwlad y Basg. Yn y tri rhanbarth, prin lwyddo ddaru'r bleidlais o blaid hunanlywodraeth: 54%. Roedd llawer o'r dosbarth canol cefnog Basgaidd a reolai arweinyddiaeth Plaid Genedlaethol y Basgiaid wedi cefnogi'r mesur. Drwy dderbyn y statud a gyflwynwyd ganddynt, roedd cyfle i'r dosbarth hwn barhau i fod â dylanwad a grym economaidd a gwleidyddol traddodiadol. Roedd hyn yn arbennig o wir am reolaeth dros lywodraeth leol.

Roedd cyfansoddiad y wladwriaeth Sbaenaidd ei hun wedi galw am sefydlu dau ranbarth ar bymtheg. Un rhanbarth oedd Euskadi, sef Cymuned Hunanlywodraeth y Basgiaid, gyda Nafarroa yn rhanbarth ar wahân. Yn Nafarroa roedd ceidwadwyr a oedd o blaid gwladwriaeth Sbaenaidd unedig wedi pwyso am ranbarth ar wahân i weddill de Gwlad y Basg. Yn Nafarroa llwyddodd cynghrair o'r chwith a'r dde i sicrhau statud hunanlywodraeth i'r rhanbarth hwnnw. Ni chafodd rhai aelodau seneddol a oedd o blaid gweld Nafarroa yn rhan o Euskadi eu gwahodd i'r trafodaethau. Yn 1982 cafodd Nafarroa ei statud hunanlywodraeth ei hun a sicrhaodd rwyg o fewn de Gwlad y Basg.

Er y rhwyg, dangosodd Euskadi a Nafarroa mai Basgiaid oeddynt mewn gwirionedd. Nid oedd cyfansoddiad y wladwriaeth Sbaenaidd yn nodi union natur hunanlywodraeth y ddau ranbarth ar bymtheg – rhaid oedd i bob rhanbarth gynnig eu syniadau eu hunain am natur eu system o hunanlywodraeth. Ond roedd de Gwlad y Basg yn gallu cyfeirio'n ôl at y *fueros*. Golygai hyn eu bod hwy yn gofyn am lawer mwy o hunanlywodraeth nag unrhyw ranbarth arall o fewn y wladwriaeth Sbaenaidd. Er nad oedd yr hyn a dderbyniodd Euskadi a Nafarroa yn ddigon yn eu tyb hwy, fe gawsant eu seneddau eu hunain, eu llywodraethau eu hunain a system addysg annibynnol. Roedd ganddynt yr hawl i godi eu trethi eu hunain, ond i'r cyfanswm fod yr un fath â gweddill y wladwriaeth Sbaenaidd.

Ond collwyd cyfle yn 1979. Mae'n debyg y gellid bod wedi sicrhau cefnogaeth eang i un uned wleidyddol yn ne Gwlad y Basg. A fyddai'r wladwriaeth wedi caniatáu hynny?

Mae hynny'n fater gwahanol. Yn sicr, yn ystod cyfnod y Trawsfudiad ymddengys bod mwyafrif y pleidiau gwleidyddol, trigolion Nafarroa, cenedlaetholwyr a'r pleidiau Sbaenaidd yn y pedwar rhanbarth yn gefnogol i undod Basgaidd, gydag Iruñea fel canolfan wleidyddol y gymuned hunanlywodraethol. Roedd methiant i sicrhau'r undod hwnnw yn sicr o arwain at wrthdaro gwleidyddol pellach o fewn Gwlad y Basg a chyda'r llywodraeth ganolog ym Madrid.

Adlewyrchwyd y tensiynau newydd yn ymddangosiad a llwyddiant Herri Batasuna. Yn 1979 arestiwyd Telesforo de Monzón a mwyafrif arweinyddion Herri Batasuna. Ymateb y cyhoedd oedd streic a fu bron â chau rhanbarth Gipuzkoa yn llwyr. Rhyddhawyd pob un ac eithrio de Monzón. Er mewn oed, ei ymateb ef oedd ymprydio. Yn etholiadau Mawrth 1979 daeth Herri Batasuna yn bedwaredd yn Euskadi ac yna, fis yn ddiweddarach, daethant yn ail yn yr etholiadau bwrdeistrefol. Un o'r rhai a enillodd sedd yn y *Cortes* oedd Telesforo de Monzón — rhaid oedd ei ryddhau er mwyn iddo allu cymryd ei sedd. Neu, yn hytrach, fe'i rhyddhawyd ond gwrthododd gymryd ei sedd gan mai polisi Herri Batasuna oedd peidio â chymryd eu seddau yn y *Cortes* wedi iddynt gael eu hethol. Ers ei lwyddiant cyntaf mae'r bleidlais i Herri Batasuna (a'i olynydd, Batasuna) wedi parhau'n eithaf cyson ond nid yw ei haelodau yn barod i gymryd eu seddau ar unrhyw lefel heblaw llywodraeth leol er mwyn peidio â chyfaddawdu.

### Llywodraeth y Basgiaid

Ar Fawrth 9, 1980 cynhaliwyd etholiadau i senedd Euskadi. Derbyniodd Plaid Genedlaethol y Basgiaid 40% o'r bleidlais; daeth Herri Batasuna yn ail gyda 16% a'r Sosialwyr yn drydydd efo 14%. Y *Lehendakari* (arlywydd) newydd oedd Carlos Garaikoetxea, a gafodd ei ddewis gan Blaid Genedlaethol y Basgiaid oherwydd ei fod o Iruñea yn Nafarroa. Gobaith y blaid oedd y byddai ei ddewis ef yn arwydd a fyddai'n apelio at bobl Nafarroa, ond ni chafwyd yr ymateb disgwyliedig. Wrth gwrs, i'r rhai a gofiai rhyfel cartref y wladwriaeth Sbaenaidd roedd arwyddocâd mawr i Garaikoetxea yn tyngu llw dan y dderwen yn Gernika ym Mawrth 1980, ond bu newid enfawr ers hynny. Roedd cenhedlaeth gyfan wedi tyfu yn gwybod am ddim ond Franco; a Chastileg oedd mamiaith Garaikoetxea. Ond roedd ef yn *Euskaldunberri*, yn dysgu'r iaith, ac yn ystod ei bedair blynedd fel *Lehendakari* daeth yn rhugl yn yr iaith. Roedd yn gadarn dros Wlad y Basg. Cyn iddo gyfarfod swyddogion byddin y wladwriaeth Sbaenaidd am y tro cyntaf rhaid oedd eu perswadio hwy i'w saliwtio. Llwyddwyd i wneud hynny drwy eu darbwyllo bod saliwtio yn dangos cefnogaeth i'r cyfansoddiad, a saliwtiwyd ef yn y cyfarfod — ond rhaid oedd rhoi pwysau mawr ar Garaikoetxea i saliwtio'n ôl. Bedwar diwrnod wedi iddo dyngu llw o dan y goeden yn Gernika cadarnhawyd ei apwyntiad gan bennaeth y wladwriaeth Sbaenaidd, y brenin Juan Carlos, a phennaeth llywodraeth y wladwriaeth Sbaenaidd, Adolfo Suárez. Bymtheng niwrnod yn ddiweddarach penododd Garaikoetxea ei lywodraeth.

### Datblygiadau gwleidyddol o fewn Gwlad y Basg

Nid oedd sicrhau llywodraeth i Euskadi, fodd bynnag, yn rhoi terfyn ar alwadau Plaid Genedlaethol y Basgiaid, gweithgaredd milwriaethus ETA nac ar gefnogaeth y bobl i'r pleidiau oedd o blaid hunanlywodraeth neu annibyniaeth i'r Basgiaid fel cenedl. Rhwng 1978 ac 1980 lladdodd ETA tua 80 o bobl bob blwyddyn, ond bu ymateb y llywodraeth ganolog a'r wladwriaeth Sbaenaidd yn llawer mwy treisgar.

Parhaodd y *Guardia Civil* â'i bolisi ymosodol ac wrth darfu ar dros 600 o brotestiadau lladdwyd 41 o bobl ganddynt. Llawer mwy brawychus, o ystyried y ffaith bod y wladwriaeth Sbaenaidd yn awr yn wladwriaeth ddemocrataidd yn yr Ewrop fodern, oedd defnydd yr awdurdodau o artaith. Yn wir, bu Amnest Rhyngwladol yn cynnal ymchwiliadau i amryw o ddigwyddiadau amheus yn y wladwriaeth Sbaenaidd. Ymddangosodd grwpiau terfysgol adain dde, oedd o blaid y wladwriaeth Sbaenaidd, yn ne Gwlad y Basg hefyd gan ymosod ar genedlaetholwyr Basgaidd a lladdwyd 35 o bobl ganddynt. Y gred gyffredinol oedd bod nifer o'r grwpiau terfysgol adain dde hyn yn cael cefnogaeth yr awdurdodau, gan gynnwys y lluoedd arfog a'r llywodraeth ganolog. Ymddiswyddodd Adolfo Suárez yn Ionawr 1981.

Tua'r un adeg bu i frenin a brenhines y wladwriaeth Sbaenaidd ymweld â Gwlad y Basg. Pan gyrhaeddodd y brenin Juan Carlos a Sofia brifddinas Euskadi, Gasteiz, nid oedd croeso swyddogol iddynt. Aethent i'r *Batzarretxea*, y tŷ cyfarfod ger derwen Gernika, ond wrth i'r brenin areithio bu aelodau Herri Batasuna yn canu *Eusko Gudariak Gara*. Nid oedd Plaid Genedlaethol y Basgiaid yn hapus â hyn ond fe wnaethant hwythau eu safbwynt hwythau'n hollol eglur i'r brenin. Yr unig berthynas yr oeddynt hwy am ei weld â'r goron oedd perthynas yn seiliedig ar y *fueros*.

Ym Mawrth 1981 bu farw Telesforo de Monzón, a oedd erbyn hynny yn cael ei ystyried yn un o fawrion y mudiad dros annibyniaeth i Wlad y Basg. Yn dilyn ymgais arall i'w arestio, y tro hwn oherwydd iddo ddatgan beth oedd polisi Herri Batasuna wrth y wasg ryngwladol, penderfynodd fod yn rhaid iddo ddianc. Gyda'i iechyd yn dirywio ffodd i Baiona ac yno y bu farw. Wedi ei farwolaeth daeth nifer o'i gerddi yn ganeuon poblogaidd. Wrth i'w gorff gael ei gludo i'r cartref teuluol arestiwyd ef am y tro olaf gan heddlu'r wladwriaeth Sbaenaidd!

Roedd y brotest adeg ymweliad y brenin yn cyd-redeg â herwgipio a lladd peiriannydd oedd yn gweithio ar orsaf ynni niwclear yn Lemóiz. ETA oedd yn gyfrifol. Yr oedd y ddadl dros adeiladu'r orsaf wedi arwain at wrthdaro ffyrnig dros y blynyddoedd – roedd Plaid Genedlaethol y Basgiaid o blaid yr orsaf, ond roedd eu penderfyniad yn un amhoblogaidd. Roedd mwyafrif y Basgiaid, fodd bynnag, yn gwrthwynebu lladd y peiriannydd, ond achubwyd ETA gan ymateb yr awdurdodau. Bu farw aelod o ETA, Joxé Arregi, yn y carchar wedi deng niwrnod o artaith. Yn hytrach na chondemnio llofruddiaeth y peiriannydd felly, llwyddodd gweithred yr awdurdodau i uno'r Basgiaid mewn streic gyffredinol. O ganlyniad i farwolaeth Arregi arestiwyd rhai aelodau o'r heddlu ac ymddiswyddodd nifer o aelodau'r llywodraeth.

Roedd yr holl ddigwyddiadau uchod yn ormod i rai aelodau o'r *Guardia Civil* a'r lluoedd arfog. Roeddynt hwy am weithredu'n uniongyrchol.

### Coup 1981 – methiant a llwyddiant

Ar 23 Chwefror, 1981, cerddodd y Lefftenant Cyrnol Antonio Tejero ac aelodau eraill o'r *Guardia Civil* i mewn i'r *Cortes* ym Madrid mewn ymgais am *coup* gwleidyddol. Cadwyd aelodau'r *Cortes* yn gaeth am ddeunaw awr. Dyma ymgais eithafwyr y dde i droi'r cloc yn ôl. Yn ne Gwlad y Basg roedd llywodraeth Euskadi yn paratoi i droi'n alltud unwaith eto; ond gyda'r goron yn gwrthod cefnogi'r *coup* methiant oedd yr ymgais olaf hwn i ddisodli democratiaeth ac adfer yr hen drefn, i ryw raddau o leiaf.

Roedd arwyddocâd y digwyddiad yn bell-gyrhaeddgar. Er bod sawl un yn amau rhan y brenin yn y cefndir i'r *coup*, heb unrhyw amheuaeth roedd methiant y *coup* yn llwyddiant personol iddo ef. Yn llawer pwysicach, bu'r *coup* yn llwyddiant i'r *Guardia Civil* a'r lluoedd arfog – sylweddolodd y pleidiau Sbaenaidd ei bod yn hanfodol cadw'r ddwy garfan yn hapus. Ychydig o'r rhai a chwaraeodd ran yn y *coup* gafodd eu cosbi. Yn fwy arwyddocaol, ni lwyrlanhawyd y lluoedd arfog na'r *Guardia Civil* o'r elfennau gwrth-ddemocrataidd. Un canlyniad i hyn oll oedd gwrthwynebiad unedig i genedlaetholdeb y Basgiaid o du sefydliadau ac awdurdodau'r wladwriaeth Sbaenaidd.

Nid oedd hyn wedi'i gyfyngu i faterion mewnol y wladwriaeth Sbaenaidd. Roedd gwladwriaethau'r gorllewin yn ofni y byddai'r wladwriaeth Sbaenaidd yn dychwelyd i system unbenaethol y 1930au, felly ceisiwyd ei chroesawu i'r gymuned ryngwladol. Roedd hynny'n cynnwys anwybyddu'r troseddau yn erbyn hawliau dynol a oedd yn digwydd yn rheolaidd o fewn y wladwriaeth – ergyd arall i ddemocratiaeth o fewn de Gwlad y Basg.

Yn olaf cafwyd effaith ar ETA ei hun. Ofnai'r gangen wleidyddol-filwrol y byddai chwalu democratiaeth y wladwriaeth Sbaenaidd yn gam enfawr yn ôl. Diddymodd y blaid ei hun, cafwyd amnest i'w haelodau a rhyddhawyd ei hymgyrchwyr o'r carchar. Nid oedd hyn yn golygu bod adain filwriaethus ETA wedi peidio a bod, fodd bynnag, a gydag agwedd ymosodol y wladwriaeth Sbaenaidd tuag at genedlaetholdeb y Basgiaid yn parhau, nid oedd diwedd ar y trais o fewn de Gwlad y Basg.

### Y wladwriaeth Sbaenaidd yn ymosod ar y Basgiaid

Ar 28 Hydref, 1982, daeth y Sosialwyr i rym yn y wladwriaeth Sbaenaidd o dan arweiniaeth Felipe González, Ysgrifennydd Cyffredinol y PSOE (Plaid Gweithwyr Sosialaidd Sbaen). Golygai ei lwyddiant ef yn yr etholiadau obaith i nifer o ddinasyddion y wladwriaeth gan mai ef oedd y cyntaf i ddod i rym a oedd wedi gwrthwynebu cyfnod unbenaethol Franco. Ond roedd González hefyd wedi dysgu gwersi o'r *coup*. Un o gamau cyntaf ei lywodraeth oedd cyflwyno cyfres o ddeddfau gwrthderfysgaeth a oedd yn cyfyngu ar hawl yr unigolyn i gymorth cyfreithiol. Hefyd rhoddwyd yr hawl i'r heddlu arestio a charcharu pobl am ddeng niwrnod heb iddynt gael gweld cyfreithiwr na'u cyhuddo o flaen llys.

Roedd deddfwriaeth Sosialwyr y wladwriaeth Sbaenaidd yn wrth-ddemocrataidd ac yn peryglu hawliau dynol. Bu'r heddlu yn arestio, curo ac arteithio pobl ac yna'u rhyddhau heb eu cyhuddo. Targed arbennig oedd newyddiadurwyr, yn enwedig y rhai a weithiai i'r papur newydd a oedd yn bleidiol i Herri Batasuna, sef *Egin*. Sefydlwyd y papur newydd hwn yn 1977 gyda chefnogaeth 25,000 o fuddsoddwyr. Yn rhannol oherwydd ymosodiadau'r llywodraeth ganolog bu cynnydd yn y gefnogaeth i'r papur. Roedd golygydd *Egin*, José Felix Azurmendi, yn cael ei arestio'n rheolaidd. Ar adegau bu'r awdurdodau yn arestio cymaint â chant o bobl y mis, yn aml yn ddi-sail.

Yn 1983 cafwyd adroddiad damniol ar ymosodiad y wladwriaeth Sbaenaidd ar hawliau dynol gan Amnest Rhyngwladol. Darganfu'r adroddiad fod 691 o bobl wedi eu harestio dan y deddfau atal terfysgaeth, y mwyafrif ohonynt yn ne Gwlad y Basg, a bod nifer wedi cael eu harteithio. Ymateb llugoer a gafwyd gan lywodraeth ganolog Madrid. Yn wir, i'r pleidiau adain dde a wrthwynebai González nid oedd y Sosialwyr yn mynd yn ddigon pell.

Erbyn diwedd 1983 roedd carfan newydd wrth-Fasgaidd wedi ymddangos. Y rhain oedd GAL: *Grupos Antiterroristas de Liberación*, Grwpiau Rhyddid Gwrthderfysgaeth. Bu'r sgwad llofruddio gwrth-Fasgaidd hwn yn ymosod ar, herwgipio a lladd Basgiaid cenedlaetholgar yng ngogledd Gwlad y Basg. Cyhuddodd Xabier Arzalluz, pennaeth Plaid Genedlaethol y Basgiaid, y llywodraeth ym

Madrid o fod â chysylltiad â GAL – ond yn 1986, wedi lladd oddeutu 27 o bobl, diflannodd GAL. Yn ddiweddarach, drwy hap a damwain, cafwyd hyd i ddogfennau dadlennol yng nghar un o brif swyddogion heddlu'r wladwriaeth Sbaenaidd. Cyfaddefodd ef ac un swyddog arall mai hwy oedd yn gyfrifol am drefnu'r ymgyrch waedlyd a'u bod wedi defnyddio hurfilwyr; ond wedi ymchwiliad llawn, canfuwyd bod bys Gweinyddiaeth Gartref y wladwriaeth Sbaenaidd hefyd yn y potes. Er na chyhuddwyd ef yn ffurfiol credai nifer fod Felipe González ei hun yn gwybod llawer mwy am GAL nag yr oedd yn barod i'w gydnabod. Yr hyn oedd yn arwyddocaol, fodd bynnag, oedd i rai oddi mewn i weinyddiaeth gwladwriaeth ddemocrataidd arddel dulliau GAL o weithredu.

Er nad oes ffigyrau cadarn ar gael, credir mai Gwlad y Basg gyfan sydd â'r ganran uchaf o heddlu i nifer ei phoblogaeth yn Ewrop. Yn ogystal â'r *Guardia Civil*, heddlu'r wladwriaeth a'r asiantau cudd mae gan Euskadi hithau ei heddlu ei hun, yr *Ertzaintza*. Er nad yw'r llywodraeth ym Madrid yn ymddiried yn yr *Ertzaintza*, nid oes llawer o gydymdeimlad iddynt gan y Basgiaid eu hunain ychwaith. Ceir digon o dystiolaeth o arteithio gan bob un o'r heddluoedd hyn.

Yn 1996 cynhaliwyd etholiad cyffredinol yn y wladwriaeth Sbaenaidd. Ar bob lefel llwyddodd Herri Batasuna i sicrhau ei chefnogaeth arferol yn Euskadi. Cythruddwyd llawer o'i gelynion gan i'r blaid ddefnyddio fideo o ETA yn datgan eu gofynion am Euskadi annibynnol fel darllediad gwleidyddol. O ganlyniad i'r etholiad, y blaid mewn grym ym Madrid oedd Plaid y Bobl dan arweiniaeth José María Aznar; plaid adain dde â'i gwreiddiau yn oes Franco. Ymateb y blaid i'r etholiad yng Ngwlad y Basg oedd arestio pob un o fwrdd cyfarwyddwyr Herri Batasuna. Dedfrydwyd y 23 ohonynt i saith mlynedd o garchar yr un.

Yn sicr bu brwydr bropaganda gyson rhwng y

wladwriaeth Sbaenaidd a chenedlaetholwyr o bob plaid. Llwyddodd y wladwriaeth Sbaenaidd, er enghraifft, i sicrhau nad yw'n cael ei chondemnio gan wladwriaethau eraill Ewrop oherwydd ei defnydd o arteithio. Pwysleisiodd y Wladwriaeth bod bron i fil o bobl wedi cael eu lladd gan ETA, ond gan anghofio i'w lluoedd ei hun ladd rhai cannoedd o Fasgiaid ac arestio yn agos at 10,000 o bobl. Barnwr y wladwriaeth Sbaenaidd alwodd am estraddodi'r Cadfridog Pinochet yn 1998 am iddo ladd ac arteithio dinasyddion Sbaenaidd, ond ni chyhuddodd y wladwriaeth Sbaenaidd yr un person am droseddau yn erbyn hawliau dynol a ddigwyddodd yn ystod rheolaeth unbennaeth Franco! Yn yr un modd llwyddodd llywodraeth y wladwriaeth Sbaenaidd i roi'r argraff i'r byd fod ETA wedi gwrthod trafod yn hytrach na defnyddio trais, ond doedd y darlun ddim mor syml â hynny mewn gwirionedd.

Ar y llaw arall, mae'n bosibl bod tactegau ETA wedi chwarae i ddwylo eu gelynion. Heb unrhyw amheuaeth, cafwyd cefnogaeth i ETA a'i thactegau yn ne Gwlad y Basg ond bu protestio mawr yn ei herbyn hefyd. Cododd hyn yn bennaf wrth iddynt herwgipio gwŷr busnes Basgaidd a lladd Basgiaid a oedd yn cydweithio â'r gelyn.

O ganol y 1990au dechreuodd ETA dargedu cynrychiolwyr Plaid y Bobl. Y canlyniad oedd cydymdeimlad cyffredinol â'r blaid honno. Ym Medi 1998, fodd bynnag, newidiodd ETA ddiwylliant gwleidyddiaeth Gwlad y Basg a'r berthynas â'r wladwriaeth Sbaenaidd drwy ddatgan y byddai'n cefnu ar drais yn ddiamod.

Achosodd hyn broblem enfawr i'r wladwriaeth Sbaenaidd. Roedd gweithgareddau ETA wedi rhoi'r cyfle i'r wladwriaeth Sbaenaidd sicrhau bod ei heddluoedd yn bresennol i gadw trefn yn ne Gwlad y Basg. Roedd gweithgareddau'r mudiad hefyd wedi sicrhau na fyddai'n rhaid i'r llywodraeth ganolog fyth drafod gofynion mwyafrif llethol cenedlaetholwyr Gwlad y Basg, a wrthwynebai'r defnydd o drais. Yn waeth fyth, pe bai'r llywodraeth yn trafod â'r cenedlaetholwyr beth fyddai ymateb cenhedloedd eraill y wladwriaeth, y Catalaniaid a'r Galisiaid yn arbennig? A beth fyddai ymateb gweddill Ewrop i unrhyw drafodaethau?

Cytunodd llywodraeth ganolog Madrid i drafod â chenedlaetholwyr Gwlad y Basg – ond nid gydag ETA na Herri Batasuna. Cododd nifer o ofnau'r llywodraeth ym Madrid i'r amlwg – cafwyd galwadau o Gatalunya a Galisia am ddiwygio'r cyfansoddiad a rhybuddiwyd Ewrop gan Fadrid i beidio ag ymyrryd yn y trafodaethau. Yn ei brwydr bropaganda datganodd y llywodraeth ganolog nad oedd am wobrwyo terfysgaeth. Mewn un ystyr roedd y llywodraeth yn iawn, roedd cenedlaetholdeb eithafol yn beryglus, ond cenedlaetholdeb y wladwriaeth Sbaenaidd oedd y bygythiad peryglus hwnnw.

## Economi

Yn ystod cyfnod Franco mewn grym ffynnodd diwydiant y Basgiaid, ond ffyniant arwynebol ydoedd yn dibynnu'n gyfan gwbl ar gefnogaeth ariannol y llywodraeth ganolog. Roedd angen moderneiddio pob agwedd ar ddiwydiant Gwlad y Basg, yn weithfeydd dur, yn adeiladwyr llongau, yn ddiwydiant cynhyrchu ac yn felinau papur.

Cam pwysig yn y broses o ddatblygu diwydiant Gwlad y Basg oedd i'r wladwriaeth Sbaenaidd ddod yn rhan o'r Undeb Ewropeaidd yn 1986. Un o'r amodau i'w mynediad oedd bod rhaid i'r wladwriaeth gefnu ar ei pholisïau o amddiffyn ei diwydiant rhag cystadleuaeth. Un ateb i'r dirywiad yn y diwydiannau traddodiadol oedd troi at y diwydiannau gwasanaethu, drwy hybu twristiaeth er enghraifft, a gwnaed hynny'n llwyddiannus; ond roedd llywodraeth y Basgiaid yn awyddus i ddiogelu diwydiant traddodiadol lle bo hynny'n bosibl. Yr hyn a wnaeth y llywodraeth oedd targedu'r diwydiannau hynny y gellid eu hachub a'u datblygu. Golygai hynny golli swyddi ar raddfa enfawr. Tra bu i Altos Hornos de Vizcaya, y cwmni dur enwog, golli 11,500 o swyddi llwyddodd i gynhyrchu mwy o ddur gan ddefnyddio technoleg gyfrifiadurol gydag ond 360 o weithwyr. Yn yr un modd aeth La Naval, adeiladwyr llongau'r wladwriaeth, i gyflogi 1,800 o weithwyr yn lle 5,000, ond roedd y diwydiant o leiaf wedi goroesi i'r mileniwm newydd. Er yr ymdrechion hyn, wynebai diwydiant de Gwlad y Basg broblemau sylweddol. Yn Euskadi bu diweithdra'n gyson o gwmpas yr 20% ac yn 50% ymhlith yr ystod oedran 18-25.

Mae'r Basgiaid yn parhau'n flaengar ym myd bancio. Yn 1988 unodd Banco de Bilbao a Banco de Vizcaya i ffurfio un o fanciau mwyaf Ewrop ac mae'r banc newydd, y Banco Bilbao Vizcaya yn parhau'n ail fanc y wladwriaeth Sbaenaidd o ran maint.

Mewn pôl piniwn yn 1998 yn ne Gwlad y Basg dangosodd 88% eu bod am weld gwell cysylltiadau ag Ewrop, a hynny ar draul eu cysylltiadau â Madrid. Roedd hyn, wrth gwrs, yn adlewyrchu gwledigaeth y Basgiaid ym meysydd datblygiad a ffyniant economaidd eu gwlad. Roedd hefyd yn adlewyrchu dyheadau gwleidyddol a diwylliannol y Basgiaid wrth i nifer o genhedloedd llai Ewrop weld eu dyfodol fel rhan o Ewrop y cenhedloedd bychain.

### Gogledd Gwlad y Basg

Un canlyniad amlwg sefydlu Euskadi o fewn y wladwriaeth Sbaenaidd yw i hynny ddeffro hunaniaeth y Basgiaid yng ngogledd y wlad. Rhaid cofio mai ychydig dros 200,000 o bobl sy'n byw yn y gogledd, o fewn ffiniau'r wladwriaeth Ffrengig, a bod hynny'n llai na 10% o boblogaeth y wlad yn ei chyfanrwydd.

Cyn marwolaeth Franco bu llywodraeth y wladwriaeth Ffrengig yn ystyried problem Gwlad y Basg yn broblem i'r wladwriaeth Sbaenaidd yn unig. I fod yn deg bu'r wladwriaeth Ffrengig yn fodlon derbyn ffoaduriaid o dde Gwlad y Basg yn eu hymdrechion i osgoi awdurdod Franco, er iddi hefyd alltudio nifer o genedlaetholwyr o *Iparralde* (yr enw a ddefnyddir am ochr Ffrengig Gwlad y Basg) i rannau eraill o'r wladwriaeth Ffrengig a thramor. Ond bu newid sylweddol. Yn 1979 datganodd y wladwriaeth Ffrengig nad oedd Basgiaid a gyrhaeddodd gogledd eu gwlad o'r de i dderbyn statws ffoaduriaid gwleidyddol mwyach. Yn fuan iawn dechreuodd yr awdurdodau Ffrengig arestio Basgiaid, nifer ohonynt yn bobl gyffredin. Byddai'r rhai a amheuid o fod yn aelodau o ETA yn cael eu harestio a'u cadw yn y carchar am fisoedd maith heb unrhyw gyhuddiad yn cael ei gyflwyno yn eu herbyn.

Wrth i drais yn ne Gwlad y Basg gynyddu daeth y wladwriaeth Ffrengig yn fwy gweithgar yn y frwydr wrth-Fasgaidd. Ym Medi 1984 cytunodd eu llywodraeth i estraddodi saith a gyhuddwyd o fod yn gyfarwyddwyr ETA i'r wladwriaeth Sbaenaidd. Cychwyn ar bolisi o estraddodi oedd hwn. Er bod digonedd o dystiolaeth bod y rhai a drosglwyddwyd o ddwylo'r wladwriaeth Ffrengig i'r wladwriaeth Sbaenaidd wedi eu harteithio, parhau i drosglwyddo oedd polisi llywodraeth y wladwriaeth Ffrengig. Ymateb ETA oedd ymosod ar dargedau Ffrengig yn y wladwriaeth Sbaenaidd.

Cafwyd datblygiadau gwleidyddol yn y gogledd hefyd. Dechreuodd nifer o bleidiau Basgaidd, adain chwith fel arfer, sefyll mewn etholiadau lleol. Dechreuodd Herri Batasuna drefnu ei hun yn y gogledd dan yr enw Euskal Batasuna. Llwyddodd y pleidiau cenedlaetholgar i ennill rhyw 10% o'r bleidlais yn y trefi ond cafwyd llwyddiant llawer mwy arwyddocaol yng nghefn gwlad. Credai rhai bod terfysgaeth wedi cyrraedd gogledd Gwlad y Basg hefyd gydag ymddangosiad mudiad o'r enw *Iparretarrak* (Y Gogleddwyr) a'i fwriad i ymladd dros hunaniaeth y Basgiaid. Yn 1978 gwaharddwyd y mudiad gan y wladwriaeth Ffrengig. Wedi i ddau aelod gael eu lladd wrth geisio gosod ffrwydron yn 1980 cynyddodd gweithgareddau'r heddlu yng ngogledd Gwlad y Basg. Diflannodd *Iparretarrak*. Ar y cyfan, fodd bynnag, ychydig o gefnogaeth y mae'r pleidiau bychain cenedlaetholgar wedi ei dderbyn mewn etholiadau, ·er iddynt gydweithio â'i gilydd.

Un rheswm dros ddiffyg datblygiad y mudiad cenedlaethol yn gyffredinol, a'r pleidiau cenedlaetholgar yn benodol, yn y gogledd yw'r ffaith nad yw gogledd Gwlad y Basg yn uned weinyddol o fewn y wladwriaeth Ffrengig. Mae gogledd Gwlad y Basg yn rhan o *Département Pyrénées-Atlantique* gyda'i phencadlys yn Pau; ond chwarter poblogaeth y rhanbarth sy'n byw yng ngogledd Gwlad y Basg. Yn 1981, wrth ymgyrchu yn yr etholiad arlywyddol, un o addewidion François Mitterand oedd y byddai'n sefydlu *Département* ar gyfer gogledd Gwlad y Basg. Ond, yn driw i ddyheadau llywodraeth ganolog y wladwriaeth Ffrengig, cefnodd Mitterand ar y syniad. Roedd diddordebau 'cenedlaethol' y wladwriaeth Ffrengig yn llawer pwysicach na dyhead un genedl fechan o fewn ffiniau'r wladwriaeth honno. O ganlyniad, nid oes gan ogledd Gwlad y Basg unrhyw statws cyfreithiol, na'i *Département* ei hun, ei hetholaeth ei hun, ei rhanbarth barnwrol ei hun na'i phrifysgol ei hun. Ar y llaw arall, yn 1994 sefydlwyd Cyngor Etholedig a Chyngor Datblygu i ranbarthau'r Basgiaid. Er mai grymoedd ymgynghorol yn unig sydd gan y cyrff hyn roeddynt o leiaf yn symudiad i'r cyfeiriad cywir o safbwynt y Basgiaid. O ganlyniad, yn 1996 pleidleisiodd 63% o feiri gogledd Gwlad y Basg o blaid sefydlu *Département* ar gyfer y gogledd. Gwrthododd llywodraeth geidwadol Jacques Chirac ei drafod!

Un rheswm dros y diddordeb mewn sefydlu uned ar gyfer gogledd Gwlad y Basg yw anghenion economaidd rhanbarthau'r gogledd. Problem sylweddol a sylfaenol sy'n wynebu gogledd Gwlad y Basg yw nad oes ganddi'r un sylfaen diwydiannol â'r de. Wedi ei hanwybyddu gan y llywodraeth ganolog ym Mharis i bob pwrpas, yn draddodiadol dibynnai gogledd Gwlad y Basg yn fawr iawn ar amaethyddiaeth. Fodd bynnag, erbyn diwedd yr ugeinfed ganrif cafwyd buddsoddiadau yn yr ardal gan nifer o gwmnïau o'r tu allan i'r wlad, mewn meysydd megis telegyfathrebu ac electroneg.

I'r wladwriaeth Ffrengig, mae gogledd Gwlad y Basg yn ardal ddelfrydol ar gyfer hybu twristiaeth, gyda rhanbarth Lapurdi yn un o ganolfannau twristaidd enwocaf arfordir yr Iwerydd. Rhoddir cryn bwyslais ar ochr chwedlonol a hanesyddol y Basgiaid a'u ffordd o fyw gan y wladwriaeth Ffrengig. I'r perwyl hwn cefnogir ymgeision i adfer gwyliau gwerin y Basgiaid, er enghraifft. Datblygodd trefi fel Miarritze a Donibane-Lohizune yn ganolfannau gwyliau ac ymddeoliad i Ffrancwyr cyfoethog ar hyd yr arfordir; ond tra yr ystyrid twristiaeth fel sail newydd i'r economi ar y naill law, ar y llaw arall roedd hefyd yn bygwth iaith a diwylliant y Basgiaid.

Gyda diffyg diddordeb y wladwriaeth Ffrengig mewn datblygiad economaidd cytbwys i ogledd Gwlad y Basg nid yw'n syndod bod diweithdra'n uwch na chyfartaledd y wladwriaeth Ffrengig. Golygai hyn fod nifer fawr o bobl yn gorfod gadael gogledd Gwlad y Basg i chwilio am waith gan fygwth dyfodol y Basgiaid ymhellach, yn arbennig felly eu hiaith a'u diwylliant.

### Yr iaith a diwylliant

Yn wahanol i Gymru, nid oes i Wlad y Basg unrhyw undod sefydliadol: eglwys, prifysgol ac ati. Yn y gogledd mae siambr fasnach Baiona yn cynnwys gogledd Gwlad y Basg i gyd erbyn hyn tra bod rhai sefydliadau chwaraeon ac addysgol yn y de yn cynnwys de Gwlad y Basg i gyd. Yr unig gymdeithas sy'n edrych ar y wlad fel un yw *Euskalzaindia*, Academi Iaith y Basg. Wrth gwrs nid yw Gwlad y Basg yn cael chwarae gemau pêl-droed rhyngwladol cystadleuol, nac unrhyw chwaraeon eraill ychwaith. Yr hyn sydd yn rhoi undod i'r Basgiaid yw eu hiaith a'u diwylliant.

Awgryma ffigyrau swyddogol fod tua 37% o boblogaeth Gwlad y Basg yn gallu siarad ychydig o'r iaith ond mai 25% sy'n ystyried eu hunain yn gwbl rugl. Yn Zuberoa, un o ranbarthau'r gogledd, y ceir y canran uchaf o siaradwyr. O safbwynt gogledd y wlad, yn Lapurdi, ardal y mewnfudwyr, y ceir y canran isaf. Nafarroa, y rhanbarth lle mae dros hanner ei thiriogaeth wedi colli ei diwylliant Basgaidd, sydd â'r canran isaf o siaradwyr yr iaith yn y de. Ond gogledd Gwlad y Basg, sef y rhanbarthau sydd o fewn ffiniau'r wladwriaeth Ffrengig, sy'n achosi'r pryder mwyaf. Os bydd y tueddiadau presennol yn parhau yna fe welir diflaniad yr iaith o'r tir yn y gogledd. Golyga hynny yn llythrennol golli rhan o Wlad y Basg oherwydd pwysigrwydd yr iaith fel diffiniad i'r Basgiaid o'u cenedligrwydd a'u tiriogaeth .

I grynhoi'r sefyllfa ieithyddol felly: nid Euskara yw'r brif iaith ar hyd a lled y wlad, nid yw'r boblogaeth gyfan yn gallu ei siarad, ac nid yw'r rhai sy'n gallu'r iaith yn ei defnyddio drwy'r amser. Yn ôl Luis Núñez Astrain, ieithydd a sosialydd yn ogystal â chyn-olygydd y papur *Egin*, nid yw'r rhai sy'n optimistaidd ynglŷn â dyfodol yr iaith yn byw yn y byd go iawn. Y mae gwir angen gweithredu llawer cadarnach gan yr awdurdodau yn arbennig o gofio pwysigrwydd yr iaith i hunaniaeth y genedl. Tra bod chwaraeon, dawns, arferion traddodiadol, bwyd a gwyliau i gyd yn rhan o hunaniaeth y Basgiaid, yr iaith yw gwraidd yr hunaniaeth honno.

Cafwyd adfywiad yn rhanbarthau'r de a rhagwelir

posibilrwydd cryf y gall yr iaith fod yn iaith y mwyafrif yn Bizkaia a Gipuzkoa. Y prif reswm dros hyn yw llwyddiant etholiadol Plaid Genedlaethol y Basgiaid o fewn Euskadi. Ar y llaw arall mae'r rhan fwyaf o waith y llywodraeth yn parhau i gael ei wneud yng Nghastileg. Mae nifer o wleidyddion, hyd yn oed o fewn Plaid Genedlaethol y Basgiaid, sydd ddim yn gallu'r iaith; ac ar adegau gwelir bod anghenion gwleidyddol yn cael blaenoriaeth dros yr iaith.

Heb unrhyw amheuaeth, un o'r rhesymau dros ffyniant yr iaith yw'r system addysg, er y problemau sy'n bodoli o fewn y system. Yn y flwyddyn academaidd 1991-92 er enghraifft, rhannwyd y disgyblion a dderbyniai eu haddysg yn dri chategori: Castileg yn bennaf [58.3%], Castileg ac Euskara yn gyfartal [19.5%] ac Euskara yn bennaf [22.2%]. Golygai hyn fod dros hanner disgyblion de Gwlad y Basg yn gadael yr ysgol heb yr iaith. Yn y gogledd ond 1.4% o ddisgyblion oedd yn derbyn addysg yn yr iaith. Dylid nodi fod yr *ikastolak* yn gyfrifol am addysgu 17% o ddisgyblion y de.

Cafwyd cefnogaeth miloedd o deuluoedd Basgaidd i'r *ikastolak* a rhoddodd yr ysgolion hyn gyfle i genhedlaeth gyfan dderbyn addysg yn yr iaith. Gyda'r ysgolion hyn yn rhai preifat nid yw'r llywodraeth wedi rhoi cefnogaeth lwyr iddynt. Cynhelir gwyliau unwaith y flwyddyn ym mhob un o'r rhanbarthau, fel arfer ar y Sul, i godi arian ar gyfer yr *ikastolak*. Trefnir teithiau cerdded i godi arian ac i ddangos cefnogaeth, a threfnir adloniant ar gyfer y plant.

Un agwedd bwysig ar oroesiad yr iaith ar ddiwedd yr ugeinfed ganrif yw ymroddiad diflino'r cyhoedd. Gwnaeth llywodraeth Euskadi rhai camgymeriadau – yn hytrach na chefnogi mudiadau a oedd eisoes yn bodoli, cafwyd ymgais i'w disodli gan gyrff swyddogol. Methiant fu'r polisi hwnnw gyda'r llywodraeth yn y diwedd yn gorfod rhoi cefnogaeth i'r mudiadau gwreiddiol beth bynnag. Un o'r mudiadau sy'n cytgordio dysgu Euskara i oedolion ar draws Gwlad y Basg gyfan yw *Alfabetatze Euskalduntze Koordinakundea* (AEK), gyda'u *euskaltegiak* (canolfannau dysgu Basgeg). Ar y cychwyn nid oedd llywodraeth Euskadi yn barod i gefnogi'r mudiad oherwydd ei radicaliaeth ond newidiodd hyn yn 1994 gyda'r llywodraeth yn cydweithio â'r gyfundrefn. Yn debyg i'r *ikastolak* mae'r gyfundrefn hon yn codi arian gyda gwyliau blynyddol yn seiliedig ar daith redeg, sef y *Korrika*. Mae'r daith redeg fel arfer yn cymryd pythefnos i'w chwblhau ac er ei bod yn dilyn llwybr gwahanol bob blwyddyn mae'n ceisio sicrhau bod rhan fawr o'r daith yn digwydd o fewn cadarnleoedd yr iaith. Ceir hefyd prifysgol haf cyfrwng Basgaidd. Eto ychydig o nawdd a dderbynnir, er i'r brifysgol gyhoeddi dros 180 o lyfrau at ddefnydd myfyrwyr lefel prifysgol yn yr iaith. Mae'r dysgwyr yn rhan bwysig o adfywiad yr iaith ac amcangyfrifir bod tua 100,000 o siaradwyr yr iaith yn ddysgwyr.

Yn y gogledd gwelir rhai arwyddion gobeithiol. Dau reswm amlwg dros hynny yw i ysgolion a ddefnyddiai Euskara gael eu cyfreithloni gan y wladwriaeth Ffrengig ac i wirfoddolwyr sefydlu rhaglen effeithiol yn seiliedig ar *ikastolak* y de. Yn wahanol i'r de, lle mae'r llywodraeth yn cefnogi'r iaith a'r diwylliant, nid yw'r wladwriaeth Ffrengig yn rhoi nemor ddim cefnogaeth ariannol i'r iaith. Cafwyd ymosodiadau llawer mwy ffyrnig ar yr iaith a'r diwylliant yn y gogledd. Arestiodd yr heddlu rai oedd yn weithgar ym meysydd diwylliannol a chymdeithasol, megis y soprano Maite Idirin a'r canwr/cyfansoddwr Anje Duhalde, a'u cyhuddo o guddio aelodau o ETA.

Un a oedd yn amlwg yn y frwydr ddiwylliannol oedd Jean Louis Maitia; cyfarwyddwr siop lyfrau Zabal a chyn-lywydd ffederasiwn ysgolion Basg, *Seaska*. Fe'i arestiwyd dan amheuaeth o fod wedi helpu ETA. Bu yn y ddalfa am 14 mis ac fe'i rhyddhawyd heb unrhyw gyhuddiad yn ei erbyn a heb unrhyw dystiolaeth iddo fod wedi gweithio i ETA. Bu farw yn fuan wedi iddo gael ei ryddhau yn 1977.

Un rhwystr amlwg i ddatblygiad diwylliannol y gogledd yw nad oes gan ogledd Gwlad y Basg brifysgol; ond hyd heddiw, mae nifer cynyddol o fyfyrwyr yn protestio er mwyn sefydlu prifysgol fydd yn cynnig addysg drwy gyfrwng yr iaith. Gwelwyd enghraifft nodweddiadol o agwedd y wladwriaeth Ffrengig a'r broblem sy'n wynebu'r iaith yn 1997 pan wrthodasant agor canolfan gofal dydd Fasgaidd ym Miarritze oherwydd y byddai'n gwahaniaethu yn erbyn y Ffrangeg!

Ond er yr amrywiaeth sefyllfaoedd ar hyd a lled Gwlad y Basg, parhau i ddatblygu a ffynnu mae llenyddiaeth yn yr iaith. Bernardo Atxaga, a aned yn 1951 ac a fagwyd yng nghefn gwlad Gipuzkoa, yw'r awdur mwyaf poblogaidd o ran gwerthiant yn yr iaith. Mae wedi cyhoeddi wyth nofel, ugain o lyfrau i blant, barddoniaeth, ysgrifau a geiriau ar gyfer caneuon grwpiau roc. Gwerthodd ei nofel *Obabakoak* (Pethau o Obaba) 45,000 yn yr iaith. Yr hyn oedd yn bwysig amdano fodd bynnag oedd mai cyn hyn, profiad prin iawn oedd gweld llyfr yn yr iaith wedi ei gyfieithu i unrhyw iaith heblaw Sbaeneg a Ffrangeg. Gwerthodd y fersiwn Gastileg 70,000 copi ac fe'i cyfieithwyd i 14 iaith. Llenor arall poblogaidd yw Ramón Saizarbitoria a anwyd yn Donostia yn 1944. Mae'n cyferbynnu'n berffaith ag Atxaga – nid oedd yn clywed yr iaith ar yr aelwyd ac roedd yn ymwybodol o'r ffaith bod nifer o bobl yn ystyried yr iaith yn iaith ffermwyr a'r werin a thlodion a bod cywilydd gan nifer o bobl ohoni. Yn 1969 cyhoeddodd ei nofel gyntaf, *Hasten Egunero Delako* (Oherwydd Bod Pob Dydd yn Dechrau), ar thema erthylu, a oedd yn anghyfreithlon yn y wladwriaeth Sbaenaidd. Dyma rywbeth newydd yn yr iaith: nofel gymdeithasol gyfoes. Roedd ei ail nofel, *Ehun Metro* (100 Metr) yn adlewyrchu'r oes hefyd; gan adrodd hanes un sy'n cael ei amau o fod yn aelod o ETA, yn cael ei erlid am y can metr olaf cyn iddo gael ei saethu'n farw. Os oedd Txillardegi yn gyfrifol am foderneiddio themâu'r nofel gyda *Leturiaren Egunkari Ezkutua* (Dyddiadur Cyfrinachol Leturia) yn 1957 yna roedd Ramón Saizarbitoria yn gyfrifol am ddefnyddio technegau llenyddol modern. Drwy'r ddau ohonynt hwy yn arbennig cyrhaeddodd llenyddiaeth Euskara yr oes fodern. Yn ôl eu traed, ymddangosodd nifer o awduron ifanc newydd, eang eu dylanwad.

Un o'r gogledd yw Daniel Landart, a sylwodd ar ddirywiad yr iaith o fewn ei deulu ef ei hun. Wrth ysgrifennu am y cyfnod wedi'r Ail Ryfel Byd ym mhentref bach Donoztiri yng ngogledd Gwlad y Basg cofiai Landart fel y byddai disgybl yn gorfod sefyll wrth ddrws y dosbarth gyda brwsh llawr yn ei law. Os clywai unrhyw un arall yn siarad Euskara yna rhaid oedd trosglwyddo'r brwsh llawr iddynt hwy. Byddai'r un a fyddai â'r brwsh yn ei law ar ddiwedd y dydd yn gorfod ysgrifennu 'Wna' i ddim siarad Basgeg' hyn a hyn o weithiau. Canlyniad hyn oll i Landart yn bersonol oedd y gallai siarad yr iaith, ond ni allai ei hysgrifennu na'i ddarllen. Gwelodd hefyd ddatblygiad teledu uniaith Ffrangeg yn fygythiad i'r iaith. Dechreuodd ddysgu sut i'w darllen yn un ar bymtheng mlwydd oed. Datblygodd i fod yn fardd, llenor a dramodydd ac mae ei gyfrol enwocaf, *Aihen Ahula* (Gwreiddyn Gwan), yn hunangofiannol ac yn adrodd ei hanes ei hun yn chwilio am ei wreiddiau.

Erbyn cychwyn y mileniwm newydd roedd dros 1000 o deitlau yn cael eu cyhoeddi yn Euskara bob blwyddyn gydag amrywiaeth eang iawn o ran cynnwys. Yn ogystal â gwasg Elkar roedd nifer o gwmnïau cyhoeddi eraill, rhai drwy gefnogaeth ariannol Plaid Genedlaethol y Basgiaid, eraill drwy gefnogaeth llywodraeth Euskadi neu lywodraeth Nafarroa neu drwy gefnogaeth banciau Bizkaia. Yn ogystal, sefydlwyd y papur newydd dyddiol *Euskaldunon Egunkaria* [Papur Newydd y Basgiaid Cyfan]. Rhoddodd rhai miloedd o bobl eu cefnogaeth ariannol ac ymarferol i'r fenter. Cyhoeddwyd y papur gyda chymorth grant gan lywodraeth Euskadi (a grant tuag at fersiwn Nafarroa gan y llywodraeth yno) a bu'n cymryd agwedd blwralaidd, sef ceisio bod yn bapur i bawb beth bynnag eu barn. Dyma'r unig bapur newydd i gael ei gyhoeddi'n gyfan gwbl yn Euskara, ond mae cylchgronau yn yr iaith hefyd. Mae'r sianel deledu sy'n darlledu yn y Fasgeg yn unig yn cyrraedd cartrefi drwy Wlad y Basg gyfan a sefydlwyd gorsafoedd radio yn y gogledd a'r de.

Gwelwyd adfywiad mewn chwaraeon traddodiadol hefyd, gyda *pelota*, yn arbennig, yn denu torfeydd enfawr. Daeth yn fwy poblogaidd ac yn fwy cyfoethog oherwydd bod gemau'n cael eu darlledu ar y teledu.

Arwydd o hunan hyder y Basgiaid oedd sicrhau adeiladu amgueddfa'r *Guggenheim* yn Bilbo. Llwyddodd y Basgiaid i'w denu yno oherwydd bod pob lefel o lywodraeth y Basgiaid ar y pryd yn nwylo Plaid Genedlaethol y Basgiaid. Roedd y bwriad yn glir. Nid amgueddfa i arddangos hanes a diwylliant y Basgiaid oedd y bwriad ond yn hytrach denu pobl i Wlad y Basg. Roedd yr adeilad hefyd yn rhan o'r ymdrech i adeiladu cenedl o'r newydd.

# VII

# Mileniwm Newydd – Gobaith Newydd?

Ddydd Iau, 20 Chwefror, 2003 aeth aelodau o'r *Guardia Civil*·i mewn i swyddfeydd y papur newydd *Egunkaria* yng Nghymuned Hunanlywodraeth y Basgiaid a Nafarroa. Arestiwyd deg aelod o bwyllgor gwaith y papur newydd, yn cynnwys y golygydd, Martxelo Otamendi. Fe'u cyhuddwyd o fod â chysylltiadau ag ETA. Roedd hyn yn adlewyrchu agwedd Madrid tuag at ddiwylliant y Basgiaid – i nifer o wleidyddion yr asgell dde yn arbennig roedd y gefnogaeth ariannol a roddwyd i gyhoeddiadau yn yr iaith Fasgeg yn cael ei feddiannu gan eithafwyr gwleidyddol. Iddynt hwy, roedd cyswllt amlwg rhwng iaith a hunaniaeth gwleidyddol.

Ychydig dros flwyddyn yn ddiweddarach cafwyd cyflafan ym Madrid pan laddwyd dros 200 o bobl mewn ymosodiadau ar system drafnidiaeth y ddinas. Er nad ETA oedd yn gyfrifol am yr ymosodiad, yn syth wedi'r digwyddiad datganodd Gweinidog Cartref y wladwriaeth Sbaenaidd nad oedd dim amheuaeth mai terfysgwyr Basgaidd oedd ar fai. Bu amryw wleidyddion yr adain dde hefyd yn ymosod ar system addysg ddwyieithog Cymuned Hunanlywodraeth y Basgiaid. Dadleuai gwleidyddion Madrid fod cyraeddiadau plant yn y Sbaeneg a Mathemateg yn dioddef o ganlyniad i bolisi iaith dwyieithog y Basgiaid, ond y gwirionedd oedd bod safonau disgyblion yn y pynciau hynny yn uwch ymhlith disgyblion ysgolion Cymuned Hunanlywodraeth y Basgiaid nac yng Nghastilia. Felly hefyd, wrth gymharu cyflawniad disgyblion ysgol mewn gwyddoniaeth ar draws 30 o wledydd, roedd disgyblion

Cymuned Hunanlywodraeth y Basgiaid yn y pedwar uchaf – chwe safle yn uwch na disgyblion y wladwriaeth Sbaenaidd.

Adlewyrcha'r tri achos uchod y rhwystrau sy'n cael eu codi i geisio atal y Basgiaid yn eu hymdrechion i sicrhau datblygu pellach ar eu hawliau gwleidyddol ac i ddiogelu eu hiaith a'u diwylliant. Ymddengys nad yw ymdrechion at gymodi a gweithredu cyfreithiol ar ran Basgiaid cenedlaetholgar yn debygol o lwyddo heb, o bosibl, gymorth cenhedloedd eraill o fewn y wladwriaeth Sbaenaidd. Yr hyn sydd yn aml yn llesteirio gobeithion y Basgiaid yw gwleidyddiaeth y wladwriaeth Sbaenaidd a'r cyswllt amlwg rhwng gwleidyddiaeth o fewn Cymuned Hunanlywodraeth y Basgiaid a gwleidyddiaeth y pleidiau Sbaenaidd. Os yw hynny'n llesteirio datblygiad democratiaeth o fewn Cymuned Hunanlywodraeth y Basgiaid yna mae'r goblygiadau i weddill Euskal Herria yn arswydus.

Cadarnhawyd dewrder a dyfalbarhad y Basgiaid yn y cyfnod hwn. Yn fuan iawn wedi cau'r papur newydd *Egunkaria*, er enghraifft, bu protest gref a chasglwyd tanysgrifiadau ar gyfer papur dyddiol newydd o'r enw *Berria* gyda chefnogaeth ariannol Llywodraeth Euskadi. Y golygydd newydd oedd Martxelo Otamendi. Roedd yn un o nifer i gael eu harestio a'u harteithio gan yr awdurdodau adeg cau *Egunkaria* ond yn 2010, wyth mlynedd wedi iddynt gael eu harestio gyntaf, fe'u cafwyd yn gwbl ddieuog.

Ymddengys y bydd amser maith cyn bydd pleidiau o fewn senedd Cymuned Hunanlywodraeth y Basgiaid yn ymroi'n llwyr i ddyheadau Basgiaid gwladgarol. Yn 2003 gwaharddwyd Batasuna am dair blynedd a hynny er bod gan y blaid saith aelod yn Senedd Cymuned Hunanlywodraeth y Basgiaid ar y pryd. Yn 2004, mewn ymgais i gynyddu grym annibynnol y Basgiaid derbyniodd y Senedd gynllun i sefydlu math ar 'berthynas rydd' gyda'r wladwriaeth

Sbaenaidd. Gwrthodwyd hyn gan *Cortes* (senedd) y wladwriaeth. Yn 2006 cyhoeddodd ETA gadoediad ond daeth hwnnw i ben yn 2007. Un o ganlyniadau hynny, mae'n debyg, oedd arestio holl arweinyddiaeth *Batasuna* yn Hydref 2007.

Daeth tro ar fyd yn etholiadau 2009 pan ddaeth cyfnod y Cenedlaetholwyr mewn grym yng Nghymuned Hunanlywodraeth y Basgiaid i ben am y tro cyntaf mewn deng mlynedd ar hugain. Yn ystod yr etholiad cafodd cefnogwyr *Batasuna* eu hannog i atal eu pleidlais a llwyddodd plaid fechan newydd *Aralar* i wneud yn gymharol dda; gan gondemnio trais ETA wrth gefnogi pob un o'i bolisïau. Ond y prif reswm dros fethiant y Cenedlaetholwyr i gadw grym oedd i'r Blaid Sosialaidd gyrraedd cytundeb â'r Blaid Geidwadol Sbaenaidd er mwyn cadw'r Cenedlaetholwyr allan. Er i Blaid Genedlaethol y Basgiaid ennill 30 o seddau daeth Plaid Sosialaidd Gwlad y Basg (sydd yn adain o blaid Sosialaidd y wladwriaeth Sbaenaidd) yn ail gyda chyfanswm o 25 o seddau. Daeth y Sosialwyr i gytundeb i ffurfio llywodraeth i Gymuned Hunanlywodraeth y Basgiaid ar y cyd â'r *Partido Popular* (plaid adain dde'r wladwriaeth Sbaenaidd). Roedd y ddwy blaid yn wrthwynebwyr ar lefel y wladwriaeth ond, gyda 38 o seddau rhyngddynt yn Senedd Cymuned Hunanlywodraeth y Basgiaid, roeddynt yn barod i uno er mwyn atal y Cenedlaetholwyr rhag cael grym. Ymddengys mai parhau'n anfoddog iawn fu pleidiau gwleidyddol gwladwriaethau mawrion i gydnabod democratiaeth y cenhedloedd bychain.

Er hynny, mae'r Basgiaid yn parhau i ddilyn eu trywydd eu hunain wrth lunio dyfodol eu cenedl. Yn Hydref 2011 gwelwyd cam hollol newydd yn hanes diweddar y wlad pan gyhoeddodd ETA ei fod yn cefnu ar drais ac mai drwy'r system ddemocrataidd y byddai datrys dyfodol y wlad. O safbwynt yr economi, mewn cyfnod pan fu'r wladwriaeth Sbaenaidd a sawl gwladwriaeth Ewropeaidd yn wynebu trafferthion mawrion, Cymuned Hunanlywodraeth y Basgiaid oedd y rhanbarth lle'r oedd bwrlwm economaidd ar ei orau a'i fwyaf amrywiol gyda diweithdra yn llawer is nag yng ngweddill y wladwriaeth Sbaenaidd. Serch hyn, dim ond un rhan o Wlad y Basg yw Cymuned Hunanlywodraeth y Basgiaid, er y gellid dadlau iddi ddangos arweiniad i lywodraeth Nafarroa ac i ranbarthau'r Basgiaid sydd o fewn y wladwriaeth Ffrengig, ac erys yr her o newid agweddau Madrid a Pharis tuag at ddyfodol y Basgiaid.

O gofio agwedd negyddol llywodraeth ganolog Paris tuag at hawliau ieithyddol, diwylliannol a gwleidyddol y cenhedloedd o fewn ei ffiniau, ymddengys mai ofer yw hyd yn oed ystyried datganoli ar lefel elfennol i ranbarthau gogledd Gwlad y Basg. Fodd bynnag, mae hanes y Basgiaid i'r gogledd a'r de o'r Pyreneau yn tystio iddynt ymateb i bob her sy'n eu hwynebu ac i'w hymroddiad llwyr i'r ddelfryd o Euskal Herria unedig ac annibynnol.

*Arfbais Gwlad y Basg (llun: Miguillen)*

# Darllen Pellach

Anderson, W; *The ETA: Spain's Basque Terrorists*; Efrog Newydd: The Rosen Publishing Group, 2003.

Astrain, Luis Núñez [ cyf. Meic Stephens ]; *The Basques: Their Struggle for Independence*; Glyn Ebwy: Welsh Academic Press, 1997.

Carr, R; *Modern Spain, 1875-1980*; Rhydychen: Oxford University Press, 1980.

Clark, R P; *Negotiating with ETA: Obstacles to Peace in the Basque Country, 1975-1988*; Reno: University of Nevada Press, 1990.

Clark, R P; *The Basques: The Franco Years and Beyond*; Reno: University of Nevada Press, 1981.

Collins, R; *The Basques*; Rhydychen, Basil Blackwell, 1986.

Conversi, D; *The Basques, the Catalans and Spain. Alternative Routes to Nationalist Mobilisation*; Llundain: C Hurst & Co, 1997.

Davies, Hywel; *Fleeing Franco — How Wales Gave Shelter to Refugee Children from the Basque Country During the Spanish Civil War*; Caerdydd, Gwasg Prifysgol Cymru, 2011.

Douglass, W A (gol.); *Basque Politics: A Case Study in Ethnic Nationalism*; Reno: Associated Faculty Press and Basque Studies Programme, 1985.

Facaros, D & Pauls, M; *Bilbao & The Basque Lands*; Llundain: Cadogan Guides, 2001.

Heaton, P M; *The 'Usk' Ships: History of a Newport Shipping Venture*; Casnewydd: Starling Press, 1982

Heaton, P M; *Welsh Blockade Runners in the Spanish Civil War*; Casnewydd: Starling Press, 1985

Heiberg, M; *The Making of the Basque Nation*; Caergrawnt: Cambridge University Press, 1989.

Kurlansky, M; *The Basque History of the World*; Llundain: Vintage, 1999.

Lasagabaster, J M; *Contemporary Basque Fiction*; Reno: University of Nevada Press, 1990.

Mar-Molinero, C & Smith; *A Nationalism and the Nation in the Iberian Peninsula: Competing and Conflicting Interests*; Rhydychen: Berg, 1996.

Watson, C; *Modern Basque History: Eighteenth Century to the Present*; Reno: University of Nevada Press, 2003.

Woodworth, P; *Dirty War, Clean Hands: Eta, The GAL and Spanish Demcoracy*; Corcaigh: Cork University Press, 2001.

Woodworth, P; *The Busque Country: A Cultural History*; Rhydychen: Signal Books, 2007.

Erthyglau:

Lloyd Gruffydd, K; 'Wales' Maritime Trade in Wine during the Later Middle Ages', *Cymru a'r Môr 15*

Lloyd Gruffydd, K; 'Maritime Wales' Export Trade in the Later Middle Ages', *Cymru a'r Môr 21*

Hollinshead, J E; 'Chester, Liverpool and the Basque Region in the sixteenth century', *The Mariner's Mirror 85* (4)

Lawrence de Ferran de Pol, E; 'Unamuno, the Ambivalent Basque', *Planet 11*

Rose, S; 'Bayonne and the King's Ships, 1204-1420', *The Mariner's Mirror 86* (2)

Thomas, N; 'Txillardegi: Cyfweliad gyda'r nofelydd a sefydlodd ETA', *Coleg Cymraeg 1* (1986) de Zulueta, J; 'The Basque Whalers: The Source of their Success', *The Mariner's Mirror 86* (3)


Gwefannau defnyddiol:

Bernardo Atxaga:
(gwefan yr awdur)
http://www.atxaga.org/en/


Buber's Basque Page:
(yn cynnwys hanes, yr iaith, diwylliant, chwaraeon, bwyd)
http://buber.net/

Centre for Basque Studies, Prifysgol Nevada:
(prif ganolfan yr Unol Daleithiau ar gyfer astudio pob agwedd ar hanes a diwylliant y Basgiaid)
http://basque.unr.edu/

Gwefan Llywodraeth Euskadi:
(popeth am Wlad y Basg)
www.euskadi.net/

Papur newydd *Berria*:
(papur newydd dyddiol ar lein)
http://www.berria.info/

Euskal Herriko Gaikako Mapak:
(gwefan sy'n cynnwys amrywiol fapiau ar sawl agwedd ar hanes Gwlad y Basg mewn pedair iaith)
http://www.muturzikin.com/carte.htm

# Mynegai